☆ CON TODO MI HUMOR, ALEXIS VALDÉS ☆

AGUILAR

AGUILAR

©2013, Alexis Valdés
©De esta edición:
2013, Santillana USA Publishing Company, Inc.
2023 N.W. 84th Ave.
Doral, FL, 33122
Teléfono: (305) 591-9522
Fax: (305) 591-7473
www.prisaediciones.com

Primera edición: Noviembre de 2013
ISBN: 978-1-62263-048-6

Fotografía de cubierta: Sergio Frías www.sergio-frias.com
Foto de autor: Yusnel Suárez
Diseño de cubierta: María Isabel Correa www.monichdesign.com
Diseño de interiores: Grafi(k)a

Impreso en HCI Printing
15 14 13   1 2 3 4 5 6 7 8 9

PRISA EDICIONES

☆ DEDICATORIA ☆

A todos los que estos años con sus risas, aplausos y otras gene-
rosidades me han subvencionado esta vida de artista que es un
privilegio.

A la madre que me parió, el padre que me engendró y la abuela
que me mimó.

A mis hijos, que son un regalo, aunque me cuesten.

A mi familia y amigos, que no necesariamente sino idealmente,
son lo mismo.

A ti que me amas, te ríes conmigo y no pretendes cambiarme. Y
ni se te ocurra.

A Dios, los Orishas y cualquier otra fuerza, no medible ni
explicable, que me mantiene vivo y sonriendo.

ÍNDICE

EL ÍNDICE ES UN DEDO. HAZ CON ÉL LO QUE MÁS PLACER TE DÉ.

☆ QUISIERA SER UN ANIMAL ☆

Cuando me propusieron escribir este libro me ilusioné. ¡*Wow*, voy a hacer un libro! Después me cagué. ¿Qué escribo? ¿Un libro de autoayuda? ¿Un libro de cocina? ¿Una novela porno? ¿O mejor monólogos de humor? ¡Eso le gusta a la gente! ¿Y mi biografía? A la gente le gusta ver cómo un idiota sufre hasta que triunfa… ¿o no? ¿Y una mezcla de todo? ¿Una biografía idiota de autoayuda porno con monólogos de humor en la cocina? Eso no lo ha hecho nadie. ¿Y cómo empiezo? ¿Por el principio? ¿El principio de qué? ¿De mi vida, del mundo, del hombre? ¿Uso la teoría creacionista o la de Darwin? ¿Escribo en un lenguaje natural, coloquial, como soy, o con un lenguaje elevado para parecer un intelectual? ¿Qué pensarán los que me conocen? ¿Qué pensarán los críticos? ¿Qué pensarán los lectores? ¿Tendré lectores? ¿Los lectores pensarán?

Después pensé, ¿para qué escribir un libro si hoy en día la gente solo lee Facebook? Bueno, no todos, hay gente inteligente que lee Twitter y algunos tradicionales que tienen Myspace. ¿Y por qué tendría que escribir un libro? ¿No lo puedo comprar ya escrito? ¿O plagiarlo? Dijo el poeta: todo hombre debe sembrar un árbol, tener un hijo y escribir un libro. Pero también podrías tener un libro, escribir en un árbol y sembrar un hijo. O sembrar un libro, escribir un hijo…

Pensé tanto que me bloqueé y lo dejé por seis meses. Ese es un problema grave que tenemos los humanos. Pensamos demasiado. Siempre hemos pensado que pensar es una maravilla, un don que nos distingue del resto de los animales. Nada de eso. Pensar es una mierda, un mojón. Pensar es lo que nos tiene a todos estresados, angustiados, acojonados. Porque pensamos compulsivamente. A veces quisiera ser animal. Más de lo que soy. Un animal no racional. Dejarme llevar por el instinto, por la intuición. Sería más feliz.

El sábado pasado me llevé a mis hijos al zoológico; y ahí los dejé. Desde entonces vivo solo. No, no, es broma; si yo a mis hijos los quiero como si fueran de la familia.

Pues allí en el zoológico, mientras analizaba el comportamiento de las bestias —de mis hijos no, de las otras—, llegué a la conclusión de que los animales son más felices que nosotros, porque no piensan. ¡Los humanos somos demasiado complicados! Por ejemplo, ¡el león…! El león está ahí relajado, no sabe que hay crisis, ni que renunció el papa, ni quién es el presidente, ni si le acaban de procesar por corrupción. No, él está ahí feliz. Esa cara que tiene no es de que esté molesto. Es de que es un hijoputa y la naturaleza le dio esa cara para que todos lo sepamos. Y es el rey de la selva ¡todo el mundo sabe en la selva, que él es el rey…! Ningún animal cuestiona eso. Es el rey y punto. Sin necesidad de demostrarlo. Si alguien lo duda, pega un rugido que se cagan hasta los estreñidos… así de sencillo. Sin embargo el rey de España, por ejemplo, no lo tiene tan fácil.

El rey de España, para que la gente vea que es rey, para ser reconocido y respetado como rey, a cada rato tiene que ponerse un traje militar con muchas insignias… alguna de las cuales hasta la tendrá repetida. Una espada que pesa horrores. Un hombre ya de esa edad. Una banda de colores que le cruza el pecho en bandolera, que, con todo respeto, parece que está concursando en un certamen de Miss Universo. Y fíjate que el león en pelotas era el rey; ahora pon en pelotas al rey de España para que tú veas, ¡un escándalo…! ¡Un desastre político (además de hacer un ridículo espantoso)! ¡Y no les quiero contar si se encuera la reina Isabel de Inglaterra! Esa vieja con las tetas caídas parecería una turista borracha en Punta Cana. ¿Se imaginan si en las olimpiadas hubieran tirado a esa vieja encuera desde el helicóptero? Se destruía la monarquía, destruirían hasta al 007.

Pero todo eso por nuestra mente prejuiciosa, porque los animales viejos andan desnudos por ahí y nadie les juzga. Los animales son más felices que nosotros. No se complican la vida. Cualquier perro vive mejor que tú.

Nosotros para tener una casa necesitamos papeles, abogados, hipotecas, pagar un dineral y al final, nunca es tuya, porque tienes que pagarle intereses a los bancos, impuestos al gobierno, mantenimiento. Sin embargo, si al perro le gusta un lugar, llega, mea y ya ese pedazo es suyo ¡es su territorio…! ¿Ustedes se imaginan si nosotros tuviéramos un sistema tan sencillo? Mear y ser propietario. ¿Que pudiéramos llegar a una de las casas que están en *foreclosure* ahora mismo y con echarnos una meadita en el portal ya fuera nuestra? ¡La gente se pasaría el día tomando agua y comprando diuréticos!

Pero además, una casita de perro es barata —¿cuánto cuesta, cincuenta, cien?— y es propia, porque no conozco a ningún perro que alquile. Y la función del perro es muy sencilla. Tú le preguntas a un perro "¿a qué te dedicas?", ¡y te dirá "a cuidar la casa"...! ¡No con estas palabras, pero más o menos esa es su función! En cambio, tú tienes que cuidar tu casa, arreglar lo que se rompe en tu casa, pintar la casa, trabajar todo el día como un cabrón para pagar todos los gastos de la casa. Todo ese tiempo el perro está ahí echado. Hay quien te dice: "Yo vivo en una casa genial en Coral Gables". Y yo le diría 'no, tú duermes ahí, el que vive ahí es el perro'. El perro que está el día entero disfrutando la casa, sin hacer na', casi sin moverse. Si acaso se estira un poco o se pasa la lengüita por allá abajo. ¡Que eso es lo que más envidia da! Porque nosotros no llegamos; si llegáramos, habría una cantidad de solteros en este mundo...

Y es que los perros viven una vida simple, desprejuiciada. Un perro se encuentra a otro perro en la calle y normalmente le gusta. No se fija en la raza, ni en el tamaño, ni de qué barrio es, ni si tiene buenas piernas o buenas tetas, o si las tiene naturales o mandadas a hacer. Ellos se gustan directamente y van directamente a hacer la ceremonia de su predilección: olerse el culo. Que —digo yo— les olerá bien, porque por instinto animal no van a hacer algo que les resulte desagradable. Será que su olfato es más exquisito, más especializado y detectan otras fragancias más sutiles escondidas detrás de la peste a mierda como canela, sándalo, vainilla o alhelí.

Después se pasan la lengüita por ahí abajo, y ya no hay nada más que hablar, porque cuando te pasan la lengüita... ¡vaya yo no soy perro, pero supongo que entiendo lo que se siente! ¡Oye, que venga un semejante tuyo así y sin mediar palabra ni transacción económica te pase la lengüita, eso sí es generosidad! ¡Lo primero que se siente es un agradecimiento absoluto!

¡Y eso los animales lo hacen en público y nadie lo cuestiona! Por eso creo que para ellos todo es más simple. No hay prejuicios, y esa falta de prejuicio empieza porque andan sin ropa. Ahí ya se rompieron todos los tabúes, no tienen que andar mintiendo como nosotros. ¡No, porque yo tengo quince pulgadas, no, que yo tengo diecisiete! ¡No! ¡Ahí está a la vista la mercancía! Lo que hay es lo que ves, y si es grande no se asombran, ¡WAO!; y si es pequeñito no se burlan, ji, ji. No, aceptan lo que Dios les dio, sea una exageración o un chiste, y hacen el amor a la vista de todos, lo cual elimina la posibilidad del chisme: A mí me dijeron que el pastor alemán ese está con la chihuahua de la esquina. ¡No...! ¡Ellos eliminan toda posibilidad de cotilleo! Se enganchan ahí delante de todo el mundo; les da igual que haya niños, personas mayores, un policía o un cura. Se encaraman uno encima del otro y ah ah ah ah.

¿Ustedes se imaginan que los seres humanos pudiéramos hacer lo mismo? Toda esa gente que hace cosas aburridas los domingos como un *barbecue* en el parque de la 40. ¿Quién va a hacer un *barbecue* en un parque pudiendo echar un palito en la calle Ocho?

¡Pero la hipocresía humana es así! ¡Está bien visto comerse un animal muerto en público pero uno vivo, no! ¡Mira ese plato! ¿Rabo encendío? Fíjate lo complicados que somos... que a ese plato tan solo le agregaran un pronombre posesivo para que tú veas. Que en lugar de rabo encendío en la carta el cocinero pusiera "mi rabo encendío" o "tu rabo encendío" o "nuestro rabo encendío" o "el rabo de la casa". Mucha gente no lo pediría. Igual que en los postres pones dulce de leche, y tiene éxito. Ahora, pones "mi dulce de leche" y ya mucha gente lo rechazaría.

Pero insisto, eso es prejuicio de los humanos. Miren a la vaca: la vaca solo tiene que dar leche y con eso ya es una buena vaca. Ahora, si tú dices "a mí me gustaría vivir de dar leche" te dirían que eres un cochino, un sinvergüenza, un pervertido sexual. A la vaca nadie le cuestiona ni le dice esas cosas.

Tenemos que aprender de los animales a llevar una vida más simple, más feliz. Un delfín, por ejemplo, qué vida: todo el día jugando en el agua, salta pa' aquí, salta pa' allá, el día entero haciendo nado sincronizado. Una tortuga, ¿qué hace una tortuga en todo el día? Mete la cabeza en el carapacho, saca la cabeza del carapacho y métela, sácala y métela, sácala, métela, sácala. ¡Eso sí es gozar la vida! Y no hace más nada. Bueno sí, una vez al año pone unos huevos para cumplir con la especie. Bueno, pone como cien huevos. Cien huevos son muchos huevos. ¿Se imaginan yo con cien huevos? Sería el rey del mambo, andaría por la vida con mucho donaire. Bueno, andaría con un poco de dificultad pero con una seguridad, un aplomo y tendría un éxito... porque dicen que a esto de vivir hay que echarle un par de huevos... pero si tienes cincuenta pares... vas sobrado. ¿O no?

☆ EL PITO ☆

Una de las cosas que me animó a escribir este libro fue pensar que en él podría decir las cosas con total libertad. Tal como se las contaría a un amigo. Sin censura. Sin pito. Sí, porque los que hemos trabajado en la televisión tenemos el trauma del pito. Ese piiii que suena cada vez que decimos una palabra "no adecuada", y que muchas veces tapa la frase entera, quitándole gran parte de su gracia. A menos que el espectador sea tan imaginativo que sea capaz de escuchar detrás del pito una palabra que es, a veces, mucho más fuerte que la que yo dije.

Entonces pensé que en un libro nadie me iba a censurar. Pobre de mí. En la vida existen varios instrumentos muy eficaces para censurar. Como la ley, la moral, la política o las tres al mismo tiempo. "Eso es inmoral", "eso es ilegal", "eso es políticamente incorrecto", o todo junto. Y lo más gracioso del tema es que los que ejercen estas censuras no se las ejercen a sí mismos. Para nada: ellos sí son ilegales, inmorales y políticamente incorrectos, y probablemente por eso tienen el poder.

A mí me gustaría pasarme la censura por las colgaduras elípticas que tengo entre las piernas. Pero no es tan fácil. Hay censuras sutiles. La más evidente, y por tanto la más cuestionable, es prohibir. No puedes. Prohibir, de hecho, es censurable, es políticamente incorrecto. Pero existe la censura económica, por ejemplo, que es peor, porque te obliga a autocensurarte; es la que te estipula: si quieres pon las malas palabras, pero no puedes vender el libro en mis tiendas. Uhmmm.

Y eso fue lo que me dijo mi editora: si el libro tiene malas palabras, no podrá venderse en esa tienda tan grande donde se venden tantos libros. Apelo a vuestra imaginación: no me hagan decir el nombre de la tienda, porque entonces sí que no me venden los libros. Es más, es probable que tú hayas comprado el libro en esa tienda "donde se venden tantos libros".

Por supuesto que yo podría saltarme la censura y decir: "Pues no lo vendo, lo regalo". Pero entonces sería un poco estúpido y ridículo. Tendría que andar por los semáforos dándole mi libro a la gente, como un mendigo. Esperando a que un alma caritativa me dé aunque sea un peso a cambio. Esa no es la idea. Mejor intentar burlar la censura, y eso trataré de hacer a lo largo del libro. Puede que no lo logre. O que me canse. Iremos viendo. Y si detectan una mala palabra, subráyenla y apréndansela, que son muy útiles.

Por favor, ¿te imaginas un mundo sin malas palabras? Que incomodidad. Que empobrecimiento verbal. Que constreñimiento expresivo. Imagina que te incomodas con alguien y le dices: "Pues vete a que te den por el orificio posterior". Por favor, que aburrido. O "me defeco en tu progenitor", o "la meretriz de tu progenitora". No, eso no funciona.

Yo uso mucho las malas palabras porque viví quince años en España y allí no se andan con esa bobería. Y cuando me vine (y esto no es una mala palabra) a trabajar a la televisión de Miami, me sorprendí. No se puede decir esto, no se puede decir lo otro. ¿Pero quién dirige la televisión aquí, el Vaticano? Pero como venía adaptado al liberalismo verbal ibérico, se me iban las "malas" palabras y comenzaron a meterme el pito a diestra y siniestra.

Al principio me molestaba, pero, desgraciadamente, en esta vida a todo uno se acostumbra. Y me acostumbré a vivir con el pito. Claro, no era feliz. Ese pito siempre fue una barrera, un escollo en la comunicación con mis queridos televidentes, un castrador verbal. ¿Se imaginan qué contradicción: un pito castrador? Pero llegó un momento en que me hice a la idea de que tenía que convivir con mi pito. Bueno ni siquiera era mi pito; era el mismo pito para todos. Un pito promiscuo. Y lo que más me molestaba es que era un pito traidor, que no daba la cara, que actuaba por detrás. Tú estabas feliz, relajado, enunciando algo, y de pronto se te salía una palabrita, y ahí venía el pito y te atravesaba... la frase.

Y un día quise conocerlo, quise verlo. Y me fui al cubículo del pito. Y allí estaba. Es una pena que esto no tenga imágenes porque me gustaría enseñárselos. Pero intentaré describirlo. Empecemos por las dimensiones. Aquel pito era un pito normal, un pito medio estándar. Yo diría que tirando a grande, pero sin exagerar, sin molestar. Bueno, molestar, molesta; pero no mata. No es bonito pero tampoco es tan feo que tú digas: "Ay que pito más horrible", "Ay, sácame este pito de alante". No, es un pito común, pero no era un pito cualquiera. Era un pito electrónico.

Debo aclarar también, para los despistados o los que abrieron el libro por esta página, que aquel pito del que hablo no era un silbato de esos que usan los jueces de una competición deportiva para señalar una falta. Ni el que usa la policía para dirigir y de paso descoj (piiiii) el tráfico en una intersección. No. Tampoco mi pito es el pito de un tren o de un auto y tampoco, y siento decepcionarles, aquel pito era un órgano sexual. Eso no se llama pito, al menos cuando uno crece. Claro, si no solo crece uno, también crece el pito.

Pero no era ese, así que los que visualizaron ese pito, siento defraudarles. Y no se preocupen: yo tampoco me lo veo mucho. No es que sea tan pequeño, es que he perdido visión con los años. Mi pito, en fin, no es el pito de un barco, ni el pito de una fábrica, ni el pito de una alarma. Es el que cada noche me jode. Es el pito de la censura.

La censura, según el diccionario, es la intervención que practica el censor en el contenido o en la forma de una obra atendiendo a razones ideológicas, morales o políticas. Censura creada por los romanos. Los romanos que fueron los primeros hijos de pu (piii) de la historia. Que inventaron la censura, el derecho, el Estado y todas esas cosas que hoy nos joden. Y con la censura unos cabrones deciden lo que se puede o no se puede decir. Claro, tú no lo puedes decir. Ellos lo dirían todas las veces que les dé la gana. Y te prohíben decir ciertas palabras que ellos en su vida diaria dicen constantemente. Es como ese padre que le dice al hijo "que no digas más malas palabras, cojones. No sé a quién habrá salido tan malhablado el niño de mierda este". El pito de la censura, el que cada noche un hp —un hijo de pito— hace sonar cada vez que yo digo una palabra que él considera obscena, y que además, ni está al lado mío; está en una cabina que yo ni veo, que ni sé dónde está y que es desde dónde se transmite mi *show* dos segundos después que nosotros lo hacemos. Es decir, que el muy hijo de pito tiene dos segundos para escuchar la palabra, decidir que no debe salir al aire y meterme el pito. Si digo mierda, me pone el pito en la mierda. Si digo carajo, me pone el pito en el carajo. Si digo culo me pone el pito en… en fin. Pero, además, como solo tiene dos segundos, el hp se pone nervioso, y como no quiere perder su trabajo, ¿qué hace?, pues me mete el pito a todo lo largo que puede y me tapa la frase entera. Y por eso ustedes en casa no entienden nada. Todo porque yo dije una "mala palabra". Por favor, señoras y señores, no seamos hipócritas. Son las palabras que más usa todo el mundo cada día. Mierda, coño, culo, teta: todo el día. Ah, pero en la televisión no se pueden decir. Esa es la doble moral en que vivimos. La televisión tiene que mentir porque la televisión es para eso. Para que los políticos mientan. Para que los vendedores mientan y para que los presentadores también seamos mentirosos y hablemos usando un lenguaje y un refinamiento que no es como nos comportamos en la vida cotidiana. Y yo estoy en contra de toda esa falsedad, de todos esos hijos de pito. Lo que pasa es que vivo de eso. Me gustaría mandarlos a tomar por cu (piii), pero vivo de eso. Pero estoy totalmente en desacuerdo con la hipocresía esta de las malas palabras. Nos pasamos la vida etiquetando cosas: malas palabras, buenas palabras. No hay buenas palabras y malas palabras. Hay simplemente palabras. Signos que usamos para denotar cosas, objetos, fenómenos. Pero las palabras no son la cosa en sí. Como escribió Shakespeare: "Lo que llamamos rosa exhalaría el mismo grato perfume aun cuando de otra forma se llamase".

Por ejemplo, a la mierda le podríamos llamar pastel de fresa y seguiría oliendo a mierda y sabiendo a mierda. Es más, en Estados Unidos es peligroso ponerle pastel de fresa a la mierda porque seguramente algún comemierda probaría el "pastel de fresa" y, al comprobar que sabe a mierda, te demandaría. A no ser que le pusieras una aclaración en letra pequeña —como hacen todos los fabricantes para evitar una demanda— que dijera "este pastel de fresa está hecho con la materia que comúnmente se conoce como mierda", y si el comemierda se lo come, es su responsabilidad. Por tanto, la peste, el sabor, el olor a mierda pertenecen a la materia, no a la palabra. Entonces la mala no es la mierda como palabra, sino la mierda como materia fecal. No hay malas palabras; las mal llamadas malas palabras tienen una función, como decía el escritor Héctor Zumbado. Por ejemplo, son necesarias para descargar la tensión. Digamos que estás haciendo ejercicios en el gimnasio y te cae una pesa de cincuenta libras en el pie, ¿qué vas a decir? No dirías "¡magnífico, increíble!". No, si dices algo así, te aconsejo que vayas por tus propios pies a ingresarte al manicomio porque estás loco. En ese momento uno necesita otro tipo de palabra. Una frase sonora, fuerte, descargante, desestresante, algo como "me cago en la puta pesa del coño su madre". Eso te ayuda a liberar la mala energía, a descargar esa emoción negativa y así no quedarte con la negatividad por dentro para luego echársela a los demás. Es decir, que las malas palabras nos ayudan a vivir mejor, a ser mejores personas, porque ayudan a liberar la mala leche reprimida.

Hay personas van por las calles reprimidas, con ese rictus moralista de persona seria. "Esos tienen cara de cojones", pero no lo dicen. Es como un estreñimiento verbal. No sueltan la grosería y se les queda incrustada en el rostro. Yo por eso de verdad admiro a los que hablan sin miedo a decir "malas palabras" —como Guillermo Álvarez Guedes — porque hablan con libertad, sin tapujos, sin falsa corrección. Como los españoles que emplean con naturalidad en la televisión expresiones como cojonudo, acojonante, a tomar por culo. Bueno, se permiten esos anuncios de pañales que dicen "para el culito seco de su niño"… Nadie se ofende, nadie se sorprende. Bueno, sí, los cubanos cuando llegan a España: viste, dijeron culo; viste, dijeron teta. Recuerdo la primera vez que actué en España. En un momento dado pregunté al público que cómo lo estaban pasando, y alguien respondió: "De puta madre, tío". Yo creí que el tipo se sentía mal: si alguien tiene una madre puta, no será motivo para sentirse dichoso. Pero no, para ellos "me siento de puta madre" significa que están muy bien, están en el paraíso o, como dicen, "esto es la ostia". Para ellos, "esto es la ostia" es bueno, pero "ostia puta" es malo. Y sin embargo, "puta madre" es bueno. ¿Será más lógico preferir que sea puta la madre a que lo sea la ostia? ¿O será que es un país muy religioso, pero que mandan toda la religiosidad a tomar por el culo cuando dicen "me cago en la ostia", que lo dicen a cada rato aunque alguien se escandalice? Lo que casi nunca dicen es "me cago en mi madre", pero sí dicen "me cago en la puta". ¿Pero qué puta, la puta madre o la ostia puta? Así hablan, se cagan en to': me cago en el mar, me cago en la leche, me cago en to' lo que se menea, me cago por las patas pa' bajo. Oye, y se siente uno tan bien. Cuando te liberas y te dejas de tanta educación y corrección y tanta porquería, y dices unos cuantos *me cago* de estos, te sientes relajado, "de puta madre".

Yo tengo un gran amigo que desde que lo llamo por teléfono suelta esas palabras. "Me cago en la puta, tío, hace tiempo que no llamas". "No, es que tengo mucho trabajo". "Que te den por el culo, macho, quién te manda a irte de España, que aquí se vive de puta madre, acojonante, querías Estados Unidos, ¿eh? Ahora te vas a cagar por las patas pa' bajo". ¿Y qué vas a decir, que son malas palabras? No, son las que a él le sirven para expresarse. Además, te digo una cosa, a mí *culo* no me suena mal. *Culo* no es una palabra fea. Ni teta. A mí, teta me gusta. Incluso la palabra. Por ejemplo, en España *bollo* es un pan. Conocí a un cubano allí que le hacía gracia que en las panaderías vendieran bollos porque bollo en Cuba es vagina. Y llamó a la novia a Cuba: "Cielo, ahora mismo me estoy comiendo un bollo en la calle", y la novia lo dejó. Jamás le dio la oportunidad de explicarle el chiste.

Mierda tampoco es fea. ¡Mierda! Fea *hipoteca*, esa sí es fea, que además te jode la vida. *Otorrinolaringólogo*: eso es una palabra fea. *Proctólogo*: sería más bonito decir "el doctor del culo". Si además, *beso*, en fino, se dice "ósculo". Es decir, que si le antepones os-, *culo* ya no es feo. Entonces si dices: "que os den por el culo", ¿ya queda fino? Es toda una hipocresía. Y por eso aquí me siento libre, porque en la tele me ponen el pito que, como dicen en España, me toca los huevos. Y aquí hablaré con total libertad. Tampoco se asusten, que no va a ser un libro cochino. No, no llegaremos ahí. Pero cuando toque, tampoco me voy a reprimir. Que nadie me va a decir a esta edad lo que puedo o no puedo escribir. ¿Que son malas palabras? Pues me da igual. Malas palabras para mí son *guerra, recesión, crisis, seguro, bancos, foreclosure, políticos, policías, abogados*. Esas sí son malas palabras, así que no me vengan con censura. Esto es un libro sin pito, y el que quiera usar el pito, que se vaya a un gogó y pague.

Y no les quiero convencer de nada. Están en todo su derecho de estar a favor o en contra de lo que yo pienso y escribo, pero tampoco compren el libro para joderme y criticarme. Que nadie critica al del banco o al médico o al abogado. Siempre nos critican a los artistas. Que si dijiste esto, que si dijiste lo otro, que si te vistes así, si te cortas el pelo asao, que si te pusiste tetas. Por favor, somos seres humanos como ustedes. Lo único que nos diferencia es que hemos perdido el miedo a hacer el ridículo y por eso nos paramos en un escenario o delante de una cámara; pero por lo demás somos igual de frágiles, igual de erróneos e igual de mierda. Así que si a alguien no le gusta mi planteamiento, si alguien piensa que mi lenguaje les puede ofender o herir, no siga leyendo. No me ofenderé, no le juzgaré. Es su elección. Total, ya compró el libro. Es más, le dedico hasta unos versos, un himno de reconocimiento por su defensa de la moral y buenas costumbres.

A tomar por culo
a tomar por culo
Y al que no le guste esta expresión
a tomar por culo

☆ RISA VERSUS CRISIS ☆

La gente quiere reír. Necesita reír. Agradece reír. Hace un par de años tomé un taxi en Madrid. De la Castellana a Conde Duque. Cuando llegamos e iba a pagar, el taxista me dijo: "No, gracias, no le cobro a los que me han hecho reír". ¡Wow! Mi ex que iba a mi lado me dijo: "Para que veas que aún se acuerdan de ti". Llevaba ya cinco años fuera de España.

Y parece ser que uno no olvida a quien le ha hecho reír. A mí me pasa. Los cómicos que me han gustado los recuerdo siempre. Chaplin, Cantinflas, Leopoldo Fernández, Peter Sellers, Louis de Funes. Son los cómicos de mi vida. Y siempre son pocos. Se cuentan con los dedos de la mano. Y cada país tiene los suyos. Esos cómicos que la gente, más allá de reír con ellos, les quiere. Son los risoterapeutas nacionales.

La risa es salud. El mejor medio, el más barato y menos riesgoso de mejorar tu aspecto es reír. O al menos sonreír. Según los conocedores del tema, cuando uno se ríe ejercita más de cincuenta músculos, libera estrés, pierde el miedo, alarga la vida.

Dicen que el hombre se acerca a lo divino en dos momentos: cuando ríe y cuando tiene un orgasmo. La ventaja de la risa es que se puede hacer muchas más veces al día y en cualquier situación. Tú puedes reír en público. Puedes reír en la cola del banco. Puedes reír hasta en un velorio, pero tener un orgasmo en un velorio es una falta de sensibilidad.

Además, el orgasmo dura muy poco. Unos diez segundos en los hombres y unos veinte en las mujeres. Y aquí pregunto, ¿por qué las mujeres tienen que disfrutar el doble que nosotros? ¿O es que el creador hizo esto para indicarnos que tuviéramos dos orgasmos? ¿O dos mujeres? ¿O que buscáramos compensación riéndonos el doble?

Sea como sea, toda persona inteligente (y si no lo eres no te preocupes, este libro es a prueba de idiotas) debe preocuparse por su salud emocional proporcionándose dosis suficientes de motivos para reír, y de orgasmos. Con este libro pretendo aportarte lo primero. Lo segundo puede que te cueste más caro.

Desgraciadamente, la cultura y el entretenimiento nunca han sido considerados bienes de primera necesidad. Y es un error. El ser humano —y te incluyo a ti aunque no te conozco— no puede vivir sin ello. Imagina un mundo sin esos programas de humor que se ven en televisión. Sin la música que pone la radio. Sin las pinturas de Brito. Pues sí, un mundo mejor es posible.

Por cierto, ¡felicidades!

No te asustes, no pretendo venderte nada más. Te felicito porque si ya vas por esta página es porque gracias a la salud de tus finanzas compraste el libro. En las librerías o tiendas, la gente hojea, lee las primeras páginas y decide si el material promete o no. Y si llegaste hasta aquí, es que ya te has llevado el libro. O eres tan cara dura que pretendes leerlo entero de gratis. ¡Suelta este libro inmediatamente o te demando! Es más, las hojas están infectadas de herpes genital. Pero supongamos el mejor caso, para ti y para mí. Lo compraste.

Eso, como dije, denota varias cosas. Buen gusto, y esto no hay que explicarlo porque sería de mal gusto. Inteligencia, porque solo el que comprende se ríe. Y que no sufres con la omnipresente crisis. ¿Qué es una crisis? Una crisis es precisamente cuando no nos sobra dinero para comprar algo que no necesitamos, como un libro. Y por supuesto, la crisis es algo del primer mundo. Porque crisis es ese momento agudo, álgido, del mal. No se puede tener una crisis cuando uno está permanentemente y establemente jodido. Por eso el tercer mundo no tiene crisis. Ni eso tiene.

La crisis es la gran tragedia de esta era. Y, según la prensa, los culpables son los bancos O, más exactamente, los banqueros. Los banqueros han sido criticados permanentemente a lo largo de la historia. Y esto seguramente, en parte, debe de ser producto de nuestro antisemitismo occidental. Pues los banqueros no son más que los herederos de aquellos judíos a los que se consideraba herejes por practicar la usura. Prestar con intereses. ¿Y eso era pecado? Pues hoy todos somos pecadores. Hoy todos somos usureros.

Podría escribir unas cuantas líneas sobre lo cabrones que son los banqueros y sobre cómo los bancos nos joden la vida, pero eso sería demasiado fácil, demasiado trillado, demasiado evidente. Por el contrario, asumiré el reto inverso: intentaré hacer una defensa de los banqueros, y el que vea en esto ironía… ese tiene un fino sentido del humor. Aquí va mi defensa de los "pobres banqueros".

LOS POBRES BANQUEROS

Señoras y señores, hay mucha gente injusta que habla mal de los banqueros. Injusta, porque es una injusticia, sí señor, que se difame a aquellos que dedican su vida a velar por nuestros intereses. Porque, a ver, ¿quién tiene la generosidad de crear una empresa que se dedica a cuidar el dinero ajeno? Bueno, y ya que vengan desde el extranjero a hacer lo que ni un amigo hace por usted. Porque, vamos a ver, comparemos al banquero con un amigo. Vaya a ver a un amigo y pídale que le guarde esos miles que tiene ahorrados. Si es una persona muy decente le dirá que no le ponga en ese compromiso (entiéndase tentación), y le negará el favor. El banquero, por el contrario, no solo lo tomará de buen grado, sino que además le dirá: ¡Y si tienes más por casa, tráelo también, que aquí estamos para cuidártelo! Y no solo se compromete a cuidárselo sino que se compromete a estar sentado ahí unas horas fijas al día por si se le ocurre venir a buscarlo. Y usted se pregunta, ¿todo eso desinteresadamente? Pues nada de eso, tiene un interés. Bajo, para que tampoco crea que está muy interesado en su dinero y se vaya a preocupar, pero hay un interés, que dependerá del "tipo" que le toque, si son unos tipos más bajos o más altos, o más grandes o más gordos o más profesionales. Pero hay un interés, que es algo a tener en cuenta. Sea cuenta corriente o de ahorro.

Y eso no es todo, si es un buen cliente —entiéndase: tiene mucho dinero—, hasta le hacen regalos. Sí, se puede ir con una pelota de playa o un exprimidor de naranjas que le durará hasta que se muera; si lo aclaran por escrito: "Todos los productos del catálogo son hasta el fin de las existencias". Es decir, hasta que se muera exprimiendo naranjas, o mejor dicho, que hasta que se muera tiene exprimidor. Y claro, esto a ellos les trae un problema muy grande porque, como la gente se ha ido enterando de la ganga, y coño, todo el mundo quiere meter el dinero en el banco. Pero lo que no piensan es que todo ese billete metido ahí atrae a los ladrones.

Y los ladrones de banco son tipos muy peligrosos. Me refiero a los que vienen a robar, no a los que están dentro. El susto nada más de que entren de repente unos tipos con medias en la cara gritando: ¡al suelo, al suelo! ¡Que coño, aunque acabe de sacar la ropa de la tintorería se tiene que tirar al suelo! Una gritería. Una tensión. ¡Una histeria! Una cagazón. Y ese criminal que llega a la ventanilla y le dice al cajero: ¡el dinero, rápido! Y hay que ver a ese profesional bancario, con su sangre fría que le contesta: ¡espere su turno detrás de la raya amarilla por favor! Claro, dando tiempo a que llegue la policía, como si no pasara nada, frío, más que frío, lívido. Cagado, pero como solo se le ve del pecho para arriba, con una dignidad que ni John Wayne en sus mejores tiempos.

¿Cómo se paga eso? Porque esa gente es la escolta de su dinero, y todos los escoltas corren peligro. ¿Y acaso por eso usted los ve armados hasta los dientes o con chalecos antibalas? No, ¿por qué será? Porque no quieren asustarlo. Porque no quieren causarle una mala impresión. Porque, imagínese que va a sacar dinero y el empleado tiene una bazuca y le dice: "Eh tú, el calvo. ¿Nombre, *carnet* de identidad y PIN?" Antes que le haga ¡pam! usted sale despavorido. Y cuidado, que no dejaría de ser un trato personalizado.

Pero eso no hace falta. Nuestros banqueros han decidido gastarse "su" dinero, ¿eh?, en unos sistemas de seguridad carísimos para que el dinero "de usted" esté a salvo. ¿A ver qué amigo o familiar haría esto? Yo tenía un tío que fue director de una sucursal del Doiche Bank en Berlín. ¿Usted sabes lo que costó la caja fuerte de ese Doiche Bank? *Doiche* millones de marcos. ¿Sabe cuánto cuesta un marco? ¿El marco solo, sin el cuadro?

Supongamos que su amigo o familiar es tan genial que le guarda el dinero desinteresadamente. Claro, desinteresadamente porque por supuesto no le va a pagar intereses. Pero, ¿le da él un papelito o justificante de ingreso? ¿Le da un recibo? Una mierda: tiene que confiar. ¡Y que duro es confiar, ¿eh?! Si se entera que su amigo se ha comprado un auto nuevo, que la mujer se hizo la cirugía de las tetas cuando sabe que llevan dos años desempleados… ¡se caga! Noches enteras sin pegar ojo. Que no entiendo esta expresión de pegar ojo. ¿Pegar el ojo dónde? ¿Con qué? ¿Quién pega el ojo para dormir?

Pero supongamos que tiene unos nervios de acero, ha confiado en su amigo y ha llegado el día de recoger su dinero. Su amigo le entrega el paquete cerrado y le dice la famosa frase: "¡Cuéntalo… que cuentas claras conservan amistades!". Cuidado, un momento de reflexión.

¿Lo va a contar? Cagada. Va a poner en evidencia que no confía. ¡¿No lo va a contar?! Más cagada. Porque si tiene un buen amigo, para qué ponerlo a prueba, pero también sin una pequeñita prueba ¿cómo sabe que es bueno ese amigo?

Bueno siempre le queda la opción de contar el dinero en casa, pero, ¿y si falta? Ahora sí es una cagada: perdió el dinero y el amigo. Y ni le puede reclamar porque se ofende. Y usted queda como mal amigo y difamador.

Con el cajero del banco no hay problemas. Mire, lo cuenta él. Lo pasa por la maquinita. Usted lo puede contar otra vez en su cara, que no se ofende. Encima hasta le pregunta si quiere un sobre. Bueno, hay gente caradura que pide hasta la liguita. ¡Por favor!

Pero si hasta le dan una tarjeta de crédito, hombre, para que no se le pierda el dinero; incluso hasta le dan puntos por usar la tarjeta. A ver si un amigo le va a dar puntos, bueno, a menos que sea cirujano. Y le dan el dinero para que se compre la casa, con una cómoda "hijaputeca", y para el auto… ¿A ver, dónde está el amigo que hace eso? Y le hacen el plan de pensión para cuando sea viejito. Tan viejito que la Seguridad Social seguramente ya habrá muerto.

Y por si se muere de muerte natural —es decir, si lo atropella un tren o se cae el avión, que lo más natural es que se muera—, le hacen un seguro de vida. Que bueno, tampoco se tiene que morir, ¿eh? Vaya, que pierde un ojo, que eso es una mierda porque además tiene dos, y no sé si son veinte o treinta mil. Por perder un ojo, hermano, que si después lo encuentra, se calla y no pasa nada. ¡El dedo gordo!, que mire la mierda que es, que yo soy capaz, vaya, de arrancármelo hasta de gratis. Te dan como quince mil, o una barbaridad de esas. Vaya, que cualquier tipo astuto se hace un seguro de estos, y se arranca un ojo, un brazo y una pierna, se gana un pastón y a vivir la vida.

Conclusión, que un banco es casi como una ONG. Y por eso me jode la gente que difama a los banqueros. Pues, hombre, dele su dinero a guardar a un amigo y verá. Que habrá quien se pregunte: ¿y qué es mejor, tener amigos o tener dinero? Pues lo mejor es tener amigos con dinero, y por eso yo he hablado tan bien de los banqueros, porque esos son los amigos que quiero tener…

Este monólogo de los "pobres banqueros" lo escribí en España donde comencé a escribir seriamente humor. Seriamente quiere decir, para ganarme el pan…y el chorizo. Como decía mi abuela, la necesidad hace parir mulatos, y yo en España no conocía a ningún escritor de humor que me escribiera mis espectáculos. Por tanto, tuve que escribirme yo. Hice el mejor curso de guion que existe, que es escribir, presentarlo al público y reescribir. Con el tiempo he aprendido que nadie puede escribir mejor para un comediante que el comediante mismo. Puedes tener ayuda, escritores colaboradores, pero todo tiene que pasar por tu filtro. De lo contrario suena falso. Y el público tiene olfato para detectar qué es auténtico y qué no lo es.

También descubrí viendo a Pepe Rubianes, un gran comediante español, que un cómico también puede ser un poco poeta. No es necesario, es una elección. Pero es como un paso más allá. Recuerdo que me impresionó la primera vez que lo vi actuar. Lo que contaba, cómo lo contaba, con los huevos que lo decía. Decía cosas importantes, se arriesgaba a cuestionar, a denunciar, y al mismo tiempo le entregaba el corazón y una inmensa sonrisa a la gente. Salías del teatro pensando: coño, me gustaría ser amigo del tipo este; no solo me divierte, me gusta cómo piensa. Después fui su amigo y me reí mucho con él. No paraba de hacer reír a la gente. Era una máquina de hacer reír. Mantuvo siete años un teatro lleno, él solo, lleno cada día. No conozco a otro. La gente lo amaba. Todos lo amábamos. Era un rey. Cuando supe de su muerte, lloré.

Me gusta eso de España. Su sociedad civil. La gente se involucra con su país. Y si hay que movilizarse y salir a la calle, lo hacen en un santiamén. Todo este movimiento de los indignados es una prueba de la capacidad de movilización que tiene la sociedad civil española. Me gustaría que algún día, no lejano, Cuba sea así.

Recuerdo una gran movilización en la que participé en Madrid. Fue en 2002. El lema era "No a la guerra". Un mar de gente recorría la calle de Alcalá. La gente que no quería que el Gobierno se involucrara en la guerra de Irak. Casi todos los actores, cantantes, personalidades públicas estaban allí. Era como una fiesta. La gente tenía una energía, una ilusión; sentían que podían, con esa demostración, modificar el rumbo de las decisiones del Gobierno. Pero el presidente José María Aznar estaba tan feliz con ser aliado de Bush que España fue a la guerra. Aquella guerra desafortunada, que en un eufemismo Bush llamó guerra preventiva. A partir de este absurdo escribí un monólogo, seguramente teniendo como referencia a ese gran cómico que fue Miguel Gila, quien como nadie le encontró el humor al mayor despropósito humano: la guerra.

LA GUERRA Y LA PAZ (PREVENTIVAS)

Buenas noches. Hoy vengo a hablar de un tema que exalta los ánimos: la guerra. Pero, por favor, hablemos en paz.

¿Por qué se producen las guerras? Por falta de diálogo, o lo que es lo mismo, porque todo el mundo quiere hacer monólogos, y esto, por favor déjennoslo a los especialistas, señores políticos. No pueden estar a todas que después pasa lo que pasa: ¿cuánto tiempo llevan buscando la paz en Oriente Medio? Es absurdo, la paz está en Bolivia. Entiendo que les suene raro que la ciudad de la paz esté en un país productor de coca, pero no se pongan nerviosos que después se les ocurren cosas tan estúpidas como la guerra preventiva.

La guerra preventiva es algo más o menos así: yo creo que tú tienes la bomba y pues antes de que me la tires, te la tiro yo. Así, además, cuando vengan los inspectores de la ONU, ya encontrarán restos de la misma bomba que yo te tiré. Que pregunto yo: ¿para qué hacen falta inspectores para saber si tienes la bomba? Que revisen las facturas y ahí se verá a quién se la vendieron.

Que se ha formado un jaleo desmedido con la bomba nuclear, porque una bomba tampoco tiene que ser necesariamente algo dañino. A menos que explote, es como la bombona o balón de gas. Fíjese que la bomba nuclear es todo natural. Está compuesta de uranio, un mineral como otro cualquiera. Bueno, el único problema es que es un poco radioactivo, ¿cómo lo explico?, muy inquieto, como el correcaminos. Pues claro, si a ese uranio se le calienta, y se le calienta hasta que se le funde el núcleo, como es lógico, este material, que ya tiene su carácter, agarra una sofocación que va a más y a más, que es lo que se llama la reacción en cadena y que termina con una explosión bastante potente. A ver cómo les ilustro, ¿han escuchado el ruido que hace Pitbull cuando canta? Pues más fuerte.

El verdadero problema de las bombas es que salen muy caras. En primera porque el uranio hay que comprarlo en el mercado negro, y los precios están *disparados*. Después porque hace falta un avión para tirar la bomba desde arriba, porque, claro, si envías un soldado con la bomba en una maleta se la quitan en la aduana. Entonces necesitas que sea un piloto, y ya sabes lo que cobran por llevarte a un destino cercano, así que imagínate cuánto cobrarán por enviarte al otro mundo.

Porque si no fuera por esto, la bomba nuclear la podría tirar cualquiera, porque no hace falta tener puntería. Su radio de acción es tan grande que la tiras en Roma y se cae la Torre Eiffel. El problema de la bomba es que nadie la quiere tirar. ¿Por qué? Porque es feo. Vas sentado en ese avión pequeño y de repente se te abre algo por debajo y comienzan a caer unas cosas oscuras de forma cilíndrica. Parece que estás defecando. No queda bien. Además, no puedes ir a la tele a contarlo porque la gente te llama genocida, asesino, y estos son adjetivos que no adornan.

Creo que para evitar este malestar, se debería crear una terminología acorde con la normativa de la guerra preventiva o "guerra buena". Al que tira la bomba se le debe llamar bombero, y al que apaga el fuego, pues que le llamen… fogoso.

Si además queremos que en el futuro nos podamos bombardear unos a otros con más regularidad, hay que reducir costos. Para ahorrar, por ejemplo, la bomba podría ser lanzada desde un avión de pasajeros normal. ¿Cómo? Muy sencillo. Cada asiento tendría un pequeño botón rotulado con la onomatopeya *bum*, pero solo uno de los botones en todo el avión tiene premio. Cuando en los televisores aparece King Africa y grita ¡bomba!, todos los pasajeros pulsan. Claro, como nadie sabe quién ha sido el afortunado, se evitan los remordimientos. Es probable que los de primera clase piensen que, como tienen privilegios, seguro les ha tocado a ellos, pero nada más. Se evitan traumas como el de los jóvenes que tiraron las bombas en Hiroshima y "Anasagasti" —¿o era Kawasaki?—, que estuvieron años sin poder entrar a un restaurante japonés.

Sobre la bomba se habla mucha tontería. ¿Cuantas veces has escuchado la expresión "las bombas no tienen nombre"? Pues claro que sí lo tienen: Bomba atómica, Bomba de neutrones, Bomba de protones, Bomba h, Bomba lapa, Bomba de relojería.

Lo que sucede es que tienen que tener nombre de bomba, porque de lo contrario no asusta. Si le adviertes a un país "terrorista": O dejas de fabricar gas nervioso o te tiro la Bomba Florinda. Eso no impone respeto. Y esto del gas nervioso, pregunto yo, ¿cuál? Todos los gases son nerviosos. Infle un globo y péguele un alfiler y ya verá. Ojo, si usted es de los que piensa que el globo sin aire podría hacer lo mismo, es mejor que vaya pensando en ser presidente del gobierno porque no da para más. Todos los gases son nerviosos, comenzando por el pedo. Tírate un pedo en el metro y verás cómo al instante el vagón entero está nervioso, incluido tú. Ahora, matar, no mata.

Este es uno de los peligros de la guerra preventiva porque si el pedo es un gas nervioso, y yo fabrico pedos, ¿me van a atacar los americanos? ¿Bajo qué acusación? ¿Genocida? ¿Fungicida? ¿O pedófilo? ¿Y si deciden bloquearme? ¿Y si reviento?

Hay que tener cuidado con los nombres que se le ponen a la guerra preventiva para que quede claro que su propósito es hacer el bien. Porque, por ejemplo, aquello de Bush de "Justicia infinita" eso dio mal rollo, porque si es infinita, no tiene fin. Entonces, nunca podrás decir... ¡por fin se ha hecho justicia!

Inicialmente los americanos estuvieron buscando un nombre guapo para esta guerra buena. El elegido fue: *Operation Iraq Liberation*. Claro, se dieron cuenta de que las siglas eran OIL, y muchos retorcidos podrían imaginar que iban tras el petróleo. Nada más alejado de su... territorio. Al final, se decidieron por *Operation Freedom Iraq* cuyas siglas eran OFI. Así los soldados podrían decirle a sus familias ¡voy a la ofi y vuelvo!

Otra cosa que debe quedar claro es el motivo de la guerra preventiva. Porque eso de "vamos a atacar porque no cumplen los acuerdos de Ginebra" no funciona. Eso indigna y preocupa a la gente: ¿los acuerdos de Ginebra? ¿Es decir, que están acordando la paz del mundo bebiendo? Además, quiénes deciden: ¿el Consejo de Seguridad de la ONU, los Estados Unidos, Rusia, Francia, el Reino Unido, China, los países que más bombas tienen?

Y por favor, acusaciones serias. "Tal país tiene armas de destrucción". Por favor, todas las armas son de destrucción. ¿Conocen algún arma que no destruya algo? "Pero esas son de destrucción más IVA". Coño, pues quítale el IVA o el *tax* o descuéntatelo de la próxima declaración… de los derechos humanos…

Puede que alguno haya pensado ¡Que humor más negro! ¿Y cuál es el problema con el negro? No seamos racistas. Como ya dije, a cualquier cosa o fenómeno, por terrible que sea, se le encuentra un punto cómico o humorístico. ¿Quieren algo más terrible que los dictadores? Y es sobre lo que más chistes existen. Claro, ellos tratan de silenciarlo, porque, como dijo Martí, "El humor es un látigo con cascabeles en la punta". El humor es una denuncia feroz, pero al resolver con la risa, pareciera más soportable.

Por otro lado, porque por este lado no me veo muy bien, aunque soy contrario a cualquier guerra, no tengo, como la mayoría, esa mirada de estupor y distancia hacia la guerra. Porque yo estuve en la guerra, no como soldado, sino como cómico. Sí, como Bob Hope que iba a entretener a las tropas norteamericanas, así fui yo. Se los contaré como un cuento o una película. ¿De qué género será? ¿De humor negro?

UN CÓMICO CUBANO EN UNA GUERRA DEL SUR DE ÁFRICA

Es una tarde soleada. Serán las tres de la tarde. No lo sé bien, porque los sedantes y mi precario estado de salud me tienen alelado. Estoy en un hospitalucho en un rincón perdido de las afueras de Dire Dawa, en el desierto del Ogaden, en Etiopía. Corre el año 1988 y he venido como parte de una brigada artística de la televisión cubana a entretener a las tropas que el gobierno de Cuba ha enviado al país africano para apoyar la revolución socialista de Mengistu Haile Mariam. Tengo veintiséis años y creo que voy a morir.

Una enfermera etíope, una de esas bellezas abisinias, esas mujeres que parecen tener los ojos delineados, me toma la presión. Me dice que tengo sesenta con cuarenta. He tenido tantas diarreas que estoy casi deshidratado. Mi piel está arrugada como la de un anciano por la falta de líquido. La enfermera me coquetea. No sé si de verdad le gusto o me quiere hacer reír. Me dice que desde que estuvo en Cuba no ha vuelto a estar con un etíope. Ya no le gustan. Le gustan los cubanos. Yo trato de sonreír seductoramente. Pero me viene un cólico. Me cago. Agarro mi suero con soporte y todo y me voy corriendo al baño.

El baño es un asco. La mierda se sale por los bordes de los inodoros. Tengo que cagar casi de pie, haciendo media cuclilla. Se me va la vida en diarrea. De pronto miro la botella del suero. Está llena de sangre. Ya sé por qué, pues estudié física en la universidad. El soporte del suero es muy bajo. En Etiopía los hacen así debido a la escasez de hierro. Así que al ponerme de pie, la botella del suero queda más bajo que mi brazo —yo mido seis pies de estatura— y, por la acción de la gravedad, se invierte el flujo. En lugar de entrar suero a mi sangre, se va mi sangre hacia el suero. Me asusto. Trato de bajar lo más que puedo para que vuelva la sangre a mi cuerpo, pero abajo la mierda ajena me espera cada vez más cerca de mis nalgas. Me veo entre la mierda y la muerte. La mierda gana.

Estamos en Etiopía. Soy un joven y popular cómico cubano que, como buen "revolucionario", estoy dando mi aporte desinteresado a la construcción del socialismo en el país más pobre del mundo. Y mi aporte, mi tarea, mi "misión internacionalista", es hacer reír a los soldados cubanos. Esta es mi versión oficial, pero no es la verdadera razón por la que estoy en Etiopía.

Yo tenía un auto —un lujo en Cuba—, un Peugot del 53. Una reliquia. Y estaba parado porque me faltaba una pieza. El collarín o cojinete del embrague, que en los Peugeot de aquella época era de grafito. Estos collarines de grafito habían sido sustituidos en los años sesenta por los collarines de caja de bolas, pero el mío era del 53. Es decir, yo necesitaba una pieza de repuesto que más bien era una pieza de museo. Y en general en Cuba no había repuestos para autos que no fueran rusos.

Un día en una fiesta un joven de mi barrio que había cumplido una misión internacionalista en África me dijo: "¿Sabes dónde encuentras tiradas piezas de Peugeot?". Pensé que me iba a decir en un rastro, en Santiago de Cuba, pero no: me dijo que en Etiopía. En Cuba había tantos problemas de transporte y tener un auto era algo tan maravilloso, que en ese instante yo me volví loco por ir a Etiopía. Se apoderó de mí el sentimiento "internacionalista", y me fui ilusionado a Etiopía a buscar una pieza de repuesto. Vaya, creo que puedo decir con orgullo que hice algo que no ha hecho nadie: ir al país más pobre del mundo en medio de una guerra civil a buscar un cojinete... que cojonetes.

El viaje fue un desastre. Empezando porque la noche anterior al día de la partida —era la primera vez que salía de Cuba, y eso en Cuba se celebra incluso más que salir de la cárcel— me fui de fiesta, bebí como un cosaco, me ligué una chica muy linda cuyo nombre no recuerdo, me la llevé a mi casa, nos dormimos a las seis de la mañana y a las ocho me tocaron la puerta los militares que llegaron a buscarme en un auto Volga. El Volga era el auto de lujo de los rusos que imitaba los Mercedes Benz. Bueno, que ellos creían que imitaba los Mercedes Benz. (Los rusos eran muy creyentes a pesar de ser ateos.) Pero era lo mejor que había en Cuba. Yo me vestí lo más rápido posible; me puse un traje que me había mandado a hacer para la ocasión: imagínense, yo era un artista famoso en Cuba, iba a viajar al extranjero, no podía ir de cualquier manera.

En Cuba había un modisto muy famoso, Agustín La Perra. Lo fui a ver. Me hizo un traje con una tela de indefinible calidad (él no me lo dijo, pero después me enteré que era la tela con la que forraban los televisores rusos que traían a Cuba para que no se oxidaran en el viaje por mar). Era como de fibra de vidrio. Pues, imagínense ustedes la estampa: yo con mi resaca, sin haber dormido, con el traje de fibra de vidrio, despeinao y ojeroso. Supongo que parecía un personaje de *La guerra de las galaxias*. Me monté en aquel auto Volga y lo primero que me preguntó uno de los militares fue: "Compañero, ¿ya usted tiene puestas todas sus vacunas?". Entonces me percaté de que se me había olvidado, que no me había puesto ninguna, y sin las vacunas no podía viajar. Me llevaron de inmediato a la Clínica Internacional y me las pusieron todas de una vez. Todas. Lo que procede en esos casos es aplicar una por semana, pero no había tiempo. "Se las ponemos todas, no se va a morir", dijeron.

Yo, la verdad, en el estado en que me encontraba me daba lo mismo una vacuna que una patada en los huevos. Yo tenía una resaca mortal. Efectivamente, me pusieron las tres vacunas de un palo: la del tifus, la del paludismo y la del tétano. Y salimos corriendo para el aeropuerto militar donde me estaban esperando todos porque solo yo faltaba. Qué vergüenza. El vuelo detenido por mí. Por la estrellita de la televisión. Los generales y los coroneles tenían todos unas caras. Y yo llegué con esa cara de enfermo. Ya empezaba el efecto de las tres vacunas, y, además, enfundado yo en mi flamante traje brilloso. Que bueno que no se conservan fotos de aquello. En el aeropuerto me estaba esperando María del Carmen, la jefa de la Agencia de Artistas de la Radio y la Televisión, una de esas blancas cubanas con culo de negra: "Dale, muchacho, que el vuelo está parado por ti", y me miró el traje como quien ve un oso polar en La Habana.

Subí al avión ya sintiéndome fatal. Aquel avión ruso Ilyushin Il-62 empezó a calentar los motores, y el calentamiento empezó a sentirse adentro. No sé debido a qué razón aquellos aviones soviéticos no podían calentar motores manteniendo una temperatura aceptable para los seres humanos que iban adentro. Y yo, entre el calor, el encierro, los efectos de las vacunas, el traje de fibra de vidrio y la resaca, me empecé a marear, a sentir náuseas. Cuando el avión arrancó, tomó impulso y despegó, me vino una arqueada. Me levanté corriendo. La azafata me advirtió que nadie se podía poner nadie de pie durante el despegue. Pero a mí no había fuerza humana que me detuviera. Me lancé a correr hacia el baño, con el vómito ya subiendo por el esófago, con el ácido gástrico llegando a mi garganta. Me faltaban tres hileras de pasajeros para llegar al baño, pero no pude aguantar. El vómito saltó y bañé a las tres primera filas de militares: los generales y coroneles.

Lo último que escuché fue un coñoooo general… o coronel. Entré en el baño, me quité lo más rápido que pude el pantalón de fibra de vidrio pero que ya no me dio tiempo a llegar a los calzoncillos, y me cagué. Aquello me produjo asco y una nueva arcada y terminé vomitándome sobre mí mismo.

Permanecí en el baño un par de minutos, autocompadeciéndome, tratando de recuperar esa vida que se le escapa a uno cuando vomita. Que a mí siempre me parece que me voy a morir. Comencé a respirar pausadamente hasta recuperar la calma. Entonces caí en cuenta de mi drama. Cómo iba a regresar a mi asiento, vomitado y cagado. ¡Que desastre! Hubiera podido pasar un buen rato en el baño. De hecho, lo pasé. Supongo que una hora o más. Pero en algún momento tenía que regresar a mi puesto, con olor a mierda y vómito, y pasar frente a los generales y coroneles a los que había vomitado.

Pero me sentía tan mal, estaba tan enfermo, intoxicado de alcohol, con tres antígenos inoculados de una vez: paludismo, tétano y tifus. Me estaba muriendo. Bueno, no me estaba muriendo pero yo sentía que me moría, y ante eso la dignidad pasa a un segundo plano. Abrí la puerta del baño y una oleada de peste inundó el avión. Volví a escuchar otras frases de aliento: coñooooo, qué peste, me cago en su madre, pendejo de mierda. Evité todo el tiempo el contacto visual con los militares y regresé a mi fila con los artistas, quienes también fueron pródigos en lindezas: coño, qué peste, me cago su madre, pero por lo menos no dijeron pendejo de mierda. Así aguanté ocho horas hasta que aterrizamos en Isla de Sal, una islita en el Atlántico, próxima a África. Esa fue nuestra primera escala.

Esta isla presentaba un problema sobre el cual nos habían advertido. Como Cuba y Sudáfrica eran enemigos en la guerra de Angola, si llegaba antes el avión sudafricano no nos podíamos bajar nosotros. Si llegábamos antes nosotros, no se podían bajar ellos. Y llegaron antes ellos. Es decir, que mi esperanza de pegarme un ducha en el aeropuerto de Isla de Sal se saló.

Dos horas en la pista con un calor horrible porque, como el avión estaba apagado, no podían poner el aire acondicionado. Y yo con el traje de brillo, cagado y vomitado. Dos horas de tortura en las que varias veces pensé en pasarme al bando de los sudafricanos para poder bajar a tierra. Pero no tenía fuerzas ni para planearlo. Dos horas pasé en Isla de Sal sin pisar su suelo, y juré jamás volver a esa isla de mierda.

Al fin despegamos hacia Angola. Solo tres horas de trayecto. ¡Que alivio, que esperanza! Un cambio de avión y después cinco horas a Etiopía. Y yo solo pensaba en llegar a ducharme y dormir un rato, pero no fue así.

En Angola se estaban celebrando las conversaciones de paz entre Angola, Cuba, Sudáfrica, Estados Unidos y la Unión Soviética. El aeropuerto de Luanda estaba tomado por los militares. Se decía que estaban llegando representantes de los gobiernos, y por tanto no nos dejaron viajar inmediatamente. En cambio nos llevaron a un lugar de paso de militares cubanos llamado Rosalinda, en las afueras de Luanda.

Lo poco que recuerdo del trayecto entre el aeropuerto y Rosalinda es un camino polvoriento de tierra muy roja y, más allá, el mar. Rosalinda era una especie de villa que debió de haber pertenecido a algún rico europeo ahora expropiada por el gobierno socialista de José Eduardo dos Santos, sucesor de Antonio Agostinho Neto. Una casa bonita de madera con algunas rosas y muchos militares. Allí estuve otras diez horas sentado en una silla sobrellevando mi intoxicación general, sin poder ducharme, sin poder dormir y sin poder cambiarme de ropa porque mi maleta permanecía en al aeropuerto.

Diez horas más de tortura durante las cuales mi padre, Leonel Valdés, un actor muy conocido en Cuba, director artístico de la brigada y uno de los tipos más felices y relajados del mundo, estuvo jugando dominó y tomando Havana Club. Porque lo que más vi yo en la guerra de África fue Havana Club añejo. Yo creo que la mayor parte de la producción de añejo siete años de Havana Club la enviaban a África. En La Habana no se encontraba una botella de Havana 7, pero en Angola y Etiopía era el liquido más ingerido. ¡Como bebían aquellos oficiales! ¡Pobres! Seguramente con eso

43

aliviaban la nostalgia, el miedo y los celos. Sí, porque se pasaban dos años lejos de sus mujeres, y se decía que los cuernos en La Habana estaban a la orden del día. Cuando los militares regresaban a Cuba, si su mujer le había sido infiel y era miembro del Partido Comunista, le informaban que tenía que dejarla o dejar el *carnet* del partido. En Cuba por esos años se contaba un chiste de alguien que al volver de Angola le contaron que su mujer lo había tocado con limón —le había sido infiel— y que tenía que dejarla. El hombre respondió que entendía la posición del Partido pero que no la podía dejar porque la amaba. Entonces lo expulsaron de las filas del Partido. Al llegar a su casa, cogió a la mujer por los moños y la echó a gritos: "¡Puta, vete de esta casa!". Al quedar solo exclamó aliviado: "Coño, ¡de que dos problemas me he librado en un día!".

Me despedí de Angola sin haber visto nada. Al fin, despegamos hacia Etiopía en un Boeing 967 de Etiopian Airlines. Ahora sí que íbamos en un avión, ¡coño!, de los que calientan los motores sin apagar el aire acondicionado y con asientos cómodos. Todo bonito y bien diseñadito porque éramos revolucionarios, pero no comemierdas. Lo bueno es bueno, y como me dijo aquel día Manolo Melián, otro popular actor de la televisión cubana de aquellos tiempos, los americanos solo hacen bien dos cosas, el cine y todo lo demás. Vino la azafata y nos preguntó qué queríamos tomar. Mi padre, que era un dicharachero, dijo: "Yo quiero la bebida del enemigo". Manolo, que hablaba inglés pues había vivido en los cincuenta en Nueva York tradujo: *He wants a whiskey.*

Llegamos a Adis Abeba a las doce de la noche. No puedo describir mucho porque no se veía nada. Creo que aterrizamos en un aeropuerto militar. Allí se me acercó un oficial cubano y me preguntó si yo había traído rollitos de cámara. Le dije que no. "¿Me pasas los míos y te doy cincuenta birr en la unidad militar?", me preguntó. Y yo le dije que sí. Nunca me había ganado un dinero tan fácilmente. Ya sabía que el birr era la moneda de Etiopía y me habían contado en La Habana lo de los rollitos, pero me despisté, como con las vacunas.

El asunto es que los cubanos llevaban rollos de cámara fotográfica porque allí eran muy apetecidos. No había rollitos de cámara en Etiopía, o los que aparecían eran muy caros. Y en Cuba era una de esas pocas cosas que había en las tiendas. Se morían de aburrimiento aquellos rollitos de cámara, marca Orwo, llegados de la Alemania comunista. En Etiopía escaseaban muchas cosas más, pero como el rollito de cámara era pequeño y pesaba poco, el ingenio cubano lo convirtió en el artículo ideal para ganar algo de dinero en el mercado negro etíope. Eso sí, solo les dejaban pasar hasta cien rollos por oficial. En fin, que yo le pasé a aquel teniente los rollos que tenía de más. Una semana después, cuando visité su unidad militar en la ciudad de Harare, cumplió su promesa y me dio cincuenta birr. Algo así como veinte dólares.

En Adis Abeba nos llevaron a un cuartel de paso. Llegamos a las dos de la madrugada. El avión hacia nuestro destino final, Dire Dawa, salía a las cinco. Tenía dos opciones: dormir casi tres horas o ducharme y dormir menos. No me duché.

A las 4:45 de la mañana nos despertaron y nos llevaron al pequeño aeropuerto donde nuestro avión nos esperaba. Creo que decir avión es decir mucho. Un Am-12. Un avioncito de la época de la Segunda Guerra en estado deplorable, piloteado por rusos. Los rusos preguntaron quiénes de nosotros éramos hipertensos. Mi padre y Manolo levantaron la mano. Pues ellos dos y las mujeres, en cabina con los pilotos. A Miguelito, nuestro representante, y a mí nos echaron atrás con los soldados.

Nunca deseé tanto ser hipertenso. La cabina de pasajeros no tenía asientos ni aire acondicionado. Ni siquiera estaba presurizada, así que viajamos con la puerta entreabierta. Yo, que aún seguía mareado, cagado, vomitado y con el traje de fibra de vidrio, traté de sentarme en el suelo para evitar las náuseas. Pero era tanta la vibración y tan débiles mi estómago y mis intestinos, que se me salía el excremento. Me tuve que poner de pie y aguantarme de un cable que atravesaba el avión como una tendedera. Ahí íbamos todos como ropa tendida, moviéndonos a voluntad del viento. Un joven a mi lado no lo pudo soportar y vomitó. Yo me consolé. Ya no era el único pendejo.

A las diez de la mañana llegamos a la unidad de artillería pesada de Dire Dawa. Nos dieron nuestras camas, sábanas y toallas. Y me fui a bañar. Aún recuerdo esa agua. Jamás una ducha me hizo mejor. Aquella agua era un manantial de agua bendita, liberando mi cuerpo del demonio de la peste. Un agua que no podíamos tomar porque tenía ameba. Un parásito intestinal terrible, endémico en esa zona de África. Pero aquella ducha me hizo tan bien que yo creo que hasta tomé un poquito.

Y allí estaba, yéndome en mierda, o mejor dicho, en la mierda se me iba la vida. Que desastre. Que poco *glamour*. En una guerra, en lugar de morir heroicamente, iba a morir cagando. ¿Cómo era posible ser tan ridículo? ¿Cómo podía ser tan torpe, tan patético? (Por eso hago reír, porque todo me sale así, como la mierda.) Pero no iba a morir; eso lo sabría después. Me salvó un etíope, un campesino de mediana edad, de los que aquí llaman *oromo*. Me dio una especie de fruta de cactus parecida a un kiwi, aunque morada por dentro. Una fruta babosa, asquerosa, pero que resultó una cura más eficaz que cualquier pastilla. La tierra crea el veneno y el antídoto. Y esta gente lleva aquí miles de años. Los cubanos o los rusos no vamos a saber mejor qué cura las enfermedades de esta tierra enferma. Me comí aquella cosa muriéndome de asco, pero con esta fuerza de voluntad que es lo mejor que Dios me ha dado, y me curé en dos días.

Pero antes de esa cura milagrosa, la vida se me iba en mierda. Creía fervientemente que me iba a morir. Nunca había tenido esta sensación de saber que me moría. Y que me moría absurdamente. Lejos de mi tierra, de mi gente. En Etiopía, a miles de kilómetros de mi isla, en una guerra que nada tiene que ver conmigo. Apoyando al gobierno de la naciente Etiopía socialista. La "nueva" Etiopía de Mengistu Haile Mariam. Años más tarde, Mengistu, el líder de esta revolución, sería acusado de crímenes contra la humanidad. Más de un millón de muertes sobre su conciencia.

Pero en aquellos años yo aún creía en esos hombres que se erigen en mesías de su pueblo. Creía con dudas. Con muchas dudas. Pero creía. Había crecido creyendo. Y queriendo creer. En esa convicción se mezclaban la ilusión, la ignorancia y la esperanza. Si revisas la historia, verás que la mayoría de las revoluciones terminaron por negar las ideas por las que lucharon. Empezando por la Revolución Francesa, la madre de todas, que acabó guillotinando a sus líderes y reimplantando la esclavitud. Pero necesitamos creer, necesitamos tener fe en algo. Y yo en aquellos años no creía en Dios.

Ahora que lo miro a la distancia, lo veo absurdo. En aquellos años, casi todos los jóvenes artistas como yo cuestionábamos la revolución. Y yo más, porque era un joven humorista. Tenía que ser osado. Tenía que arriesgarme a decir en un espectáculo, en la radio, en la televisión, cosas que el pueblo no podía decir. Yo tenía una cierta licencia, no explícita, pero sobreentendida, para ello. Y lo hacía, decía cosas a través del humor, que ponía nerviosos a los productores de los programas. "Tú estás loco", "Eso no se podía decir". O como me dijo una vez un director de televisión: "Te vamos a llenar la boca de hormigas". Se le salió el alma de gendarme.

Pero era mi deber. Y seguramente era parte del esquema. Una crítica, un atrevimiento controlado. Y yo lo jugaba bien. Siempre cuidando los límites. Y alguna vez se me pasó la mano. Recuerdo una vez que, después de mi show en el *cabaret* Capri, me dijeron que el comandante Levy quería saludarme. Fui hasta su mesa. Me impresionó aquel hombre calvo, de imagen imponente y un rostro muy serio. Bebía *whisky* como la mayoría de los comunistas aristocráticos. Me dijo: "Mulato, si no te conociera, por lo que has dicho aquí, yo diría que eres contrarrevolucionario".

Estuve unos días preocupado. Pero después se me olvidó y seguramente a él también, porque nada me pasó. Y seguí haciendo mis parodias y mis monólogos, que tampoco eran una crítica frontal o descarnada al sistema y al Gobierno; eran más bien un cuestionamiento. Era la manera que aquel joven romántico y envalentonado por el éxito que era yo creía que podía aportar a mejorar mi país. Máxime cuando los soviéticos, que eran los sumos sacerdotes del comunismo, estaban aplicando reformas en su país por medio de la perestroika. Y yo creía en la perestroika cubana. Que nunca llegó.

Por eso estaba yo en Etiopía. Bueno, primero por mi collarín de grafito, que tampoco encontré. Lo busqué en Dire Dawa, en Jijiga, en Adis Abeba. Nadie sabía de eso. No sé de dónde coño sacó aquel tipo de mi barrio que yo iba a encontrar esa pieza en Etiopía. Sí había carros Peugeot. Era verdad, el tipo de auto más común. Pero de los setenta y ochenta. No había auto alguno de los años cincuenta circulando por las calles, ni Peugeot ni de ninguna otra marca. Eso solo pasa en Cuba. Creo que en ningún otro país del mundo encuentras tantos autos americanos y europeos de los cincuenta funcionando.

Es decir que la primera razón de mi viaje, encontrar la pieza de mi carro, estaba jodida. La segunda razón, divertir a las tropas, también se había jodido. Estaba hecho mierda. Hecho y echando. Era una mierda total, interna y externamente. Una gran mierda. Una máquina de mierda.

Un monólogo sobre la mierda escribí años más tarde en España.

☆ LA MIERDA ☆

Estaba en Barcelona, presentando mi espectáculo unipersonal. Antes de entrar a escena, el dueño del teatro me dijo: "Mucha mierda, chaval". Yo no sabía que los cómicos españoles empleaban la frase "mucha mierda" para desearse suerte entre ellos. Al parecer viene de la época en que la nobleza acudía al teatro en carruajes tirados por caballos. Si había mucha mierda en la puerta —de los caballos no de los nobles—, era indicio de que la función era un éxito. De ahí que mucha mierda para los teatreros significa mucha suerte. Esto me lo explicaron después. A mí me hizo tanta gracia que escribí un monólogo que me proporcionó muchos aplausos, y no menos euros en tierras ibéricas. Aquí lo transcribo.

Buenas noches, señoras y señores. Bueno, espero que esta actuación quede bien. Déjenme tocar madera. Sí, porque en el mundo del espectáculo somos muy supersticiosos. No se imaginan cuánto. Nadie puede ir al teatro de amarillo, hay obras que ni se pronuncian porque son de mal agüero y nadie te desea suerte porque se supone que trae mala suerte. Los ingleses, por ejemplo, dicen *break a leg!* y en España se dice "mucha mierda". Atención a la frasecita. Bueno, la primera vez que me lo dijeron a mí, imagínense, en el estreno de mi primera obra en España. Yo con el nerviosismo lógico de una *première* y viene el regidor y me dice: "¡Chaval, mucha mierda!". Y yo pensé: "¿Se me notará que estoy cagao?".

Bueno, tampoco hay que extrañarse tanto: no es la primera vez que se relaciona el excremento con la buenaventura. Se cree que pisar mierda trae suerte. Bueno, dicen que depende de si es con la derecha o con la izquierda; la mierda no, la pierna: la mierda no tiene izquierda ni derecha, es más bien de centro.

Que yo me pregunto: Y si pisar mierda trae suerte, ¿por qué multan a los dueños de los perros que dejan la mierda en la calle? ¿Acaso esa gente lo que está haciendo no es, generosamente, propiciar la suerte de sus conciudadanos? ¿O será que los gobiernos temen a que algún día haya tanta mierda en las calles que la suerte sea tanta y para todos que no necesitemos ni gobiernos? ¿O es simplemente, señores, que la mierda tiene tan mala fama que no nos detenemos a apreciar sus valores?

Señores, en el siglo XXI, con la escasez de recursos energéticos que padecemos, la mierda es el combustible más abundante y barato que tenemos. Países como China o Brasil están utilizando el biogás: producción de energía eléctrica a partir de la caca. Sí, búsquenlo en Internet. La luz de la casa la obtienen a partir de la combustión controlada de su propio excremento. Y claro, así tienen toda la luz que les sale del culo. Que en el caso de los chinos poca luz darán, porque como comen arroz, y el arroz estriñe. Pero es cierto que procesan sus mierdas en domésticas plantitas mierdoeléctricas de biogás. Y hablando de gas, ¿quién no ha jugado ese infantil jueguito en el que te tiras un pedito y enciendes el fósforo o el encendedor? ¿Han visto la llamarada que sale? ¿Eso qué quiere decir? Que el gas metano (pedo) que produce nuestro organismo hace combustión con la misma eficacia que el butano o el propano. Claro, para usarlo para cocinar habría que trabajarse un poco el aroma, pero, amigo, cada vez que usted tira de la cadena o se tira un pedo lo que está tirando es energía y dinero.

Pero volviendo a la mierda de los perros, ya que se obliga a los dueños a recoger la caca, pues aprovechemos este esfuerzo. Se puede crear un sistema de recaudación y contabilidad del *excrementus caninus*, o mierda de perro, con fines energéticos. De esto se puede encargar el Departamento de Mierda de la Alcaldía, el DMA. Es importante el orden de las siglas porque no es lo mismo, el DMA que es, como ya dije, el Departamento de Mierda de la Alcaldía, que el DAME, que sería el Departamento de la Alcaldía de Mierda o el MEDA, la Mierda de Departamento de la Alcaldía.

¿Sabe usted lo que cuesta el alumbrado público de su ciudad? Pues la Alcaldía podría ahorrárselo completamente colocando recolectores de mierda debajo de cada farola con su pequeña planta mierdoeléctrica e invitando a los dueños a que lleven sus perros a ese lugar. ¿No le gustaría que su ciudad, con sus nuevas 'luces de mierda', fuera la más guapa, eficaz y ecológica del mundo?

Claro que la palabra mierda perderá toda su connotación peyorativa, porque unas *luces de mierda* ya no serán unas luces pobres o feas; serán unas luces maravillosas que además ayudarán a la preservación de los recursos energéticos del planeta. Por supuesto que para eso hará falta mucha tecnología, para lo que se necesitaría formar a especialistas de mierda, para lo cual antes habrá que crear la Facultad de Mierda de la Universidad. Y, llegado el momento, toda una Universidad de Mierda.

Cambiarán los conceptos. Por ejemplo, *una mierda te voy a dar* significará "te voy a dar lo mejor de mí". Nadie le dirá: "Cerdo, te has tirado un pedo" sino "hey, tú, tienes un escape de gas". En el teatro: ¿Qué tal la obra? ¡Una cagada! Pues no me la pierdo. Y seguramente Disney producirá una película para todo público: *La mierdecilla encantada*.

Aunque parezca raro, eso sucederá. Así que escuchen mi consejo, y si al final lo que he dicho les parece una gran mierda, me sentiré feliz porque sabré que lo habrán valorado en su justa medida. Cuiden su mierda. Valoren su mierda. Al principio a algunos les costará más que a otros asimilar esta familiaridad con la mierda, pero, por ejemplo, a los cubanos y andaluces que estamos acostumbrados desde siempre a comernos las eses, las digeriremos con más facilidad. Quieran su mierda. Mírenla con nuevos ojos. Piensen que es su obra, que es su creación. Escuchen esto: si todo lo que comen lo convierten en mierda, ¿no será que Dios los quiso convertir en creadores de mierda?, ¿en generadores de combustible?, ¿en pozos de mierda?

Que no se les vaya el tren del progreso. Tal vez mañana la mierda comience a cotizar en la bolsa y entonces dirán: ¡Qué razón tenía el mierda ese que sale en la tele! Tenemos un futuro de mierda más solidario que nos espera a la vuelta de la esquina, porque ¿quién le va a negar un poquito de mierda a un vecino, o a un amigo? Será un futuro más igualitario porque dinero no todos tenemos el mismo, pero mierda, más o menos. Y, claro, los soñadores dirán que el día que llegue ese mundo de mierda, será la verdadera democracia. Y yo no sé por qué el mundo siempre ha sido tan jodidamente clasista pero, seguramente, el día que la mierda tenga valor, los pobres nacerán sin culo.

☆ MANOLO MELIÁN ☆

En treinta y tres años de profesión he conocido a muchos actores. En general, amo a los actores, tal vez por eso me gusta dirigir. Amo a esos seres valientes, porque hay que ser muy valiente para mostrar los sentimientos como solo puede hacerlo un actor. Frágiles, porque viven en el susto y la incertidumbre de pensar que mañana todo puede acabar, que simplemente deje de sonar el teléfono, o que ya no hayan más personajes. Sabios, porque de meterse en la piel y estudiar a tantos seres humanos diferentes adquieren un conocimiento inusual de los demás. Los buenos actores, los grandes actores, son fascinantes.

Casi siempre son buenas personas, y amorosos. Muchos tienen un ego tan desmedido que solo soportan una conversación cuando se habla de ellos. Pero son buena gente.

Tal vez el más buena gente de todos los actores que he conocido haya sido Manolo Melián o, como lo recuerdan muchos, Quiroga, personaje muy recordado por los cubanos, y la pareja de Bandurria, personaje que hacía yo.

Manolo era un gran actor, aunque muchos no le reconocían como tal. Era un virtuoso del trabajo actoral en todos los personajes que hacía. Y además tenía un carisma inmenso. La gente se quedaba con él. Traspasaba la pantalla.

Era amigo de mi padre. Colegas en muchas series de televisión, y ambos perros viejos de la escena. De hecho, cuando fui a rodar el primer día con él, mi padre me dio una carta. La carta más o menos decía: "Manolo no me jodas a mi hijo porque cuando volvamos a coincidir en escena te joderé yo".

Estábamos ya vestidos y maquillados, esperando el turno para hacer nuestra primera escena en la serie *Los pequeños fugitivos*. Yo, temeroso y cortés, me acerqué a él y le dije: "Manolo, mi padre me dio esta carta para ti". Manolo empezó a leer la carta y, a medida que avanzaba la lectura, su rostro se volvía serio. Al terminar me dijo: "Dile a tu padre que yo no soy ningún cabrón, yo sería incapaz de joderte, tengo un hijo de tu edad, y vamos a ensayar la escena".

Así fue. No solo no me jodió, sino que trabajó, casi podría decir, para mi lucimiento. Si el personaje de Bandurria fue un bombazo fue porque tenía a mi lado a un experimentado actor haciendo todo lo posible para que así fuera. Ensayábamos las escenas decenas de veces, aportábamos, creábamos, nos enamoramos de aquel trabajo. Éramos un equipo de éxito. Yo venía con todas las ganas. Él tenía todo el oficio y las ganas de ayudar. Al final, los personajes trascendieron la serie. Nos convertimos en un dueto cómico que por aquellos años arrasó en los teatros y *cabarets* de toda la Isla. Aún hoy, treinta y tres años después, muchos cubanos me llaman Bandurria. Se lo agradezco por siempre.

A Manolo la bondad se le desbordaba por su cara de malo. Tenía cara de malo, sí. Era el mejor malo de la televisión cubana. Y el mejor bueno en la vida. Adoraba a sus hijos. Por ellos fue a la guerra de Etiopía. Un hombre enfermo, diabético, tremendamente hipocondríaco fue a ese país lleno de enfermedades porque quería llevar una grabadora de casete a Jorgito, y a Yanet, una regla de cálculo para la universidad. Por eso fue a Etiopía jugándose la vida. Muerto de miedo porque, como dije, era terriblemente hipocondríaco, al punto que llevó dos maletas, una con ropa y la otra con agua mineral. En Cuba le dijeron que en Etiopía todos los líquidos estaban contaminados con ameba y él decidió no probar otra agua en un mes que no fuera la que traía en la maleta. Incluso la Coca Cola tiene ameba le comentó Manolo a mi padre en La Habana. "Leonel, allá no debemos beber Coca Cola: tiene ameba", le dijo. Mi padre le respondió con su estentórea voz de pito de barco: "¿Ah sí? Pues entérate, voy a ser el amébico más famoso de Etiopía. No jodas, treinta años sin poder tomar Coca Cola ¿y tú me vas a decir que no la tome porque tiene ameba?".

Pero mi padre era una bestia, un toro. No se enfermaba nunca. De hecho, Manolo y yo pescamos una amebiasis intestinal y fuimos a parar al hospital en Etiopía. Mi padre venía a visitarnos casi siempre en nota o en pedo, porque andaba por ahí de fiesta bebiendo. Él sí había tomado agua y Coca Cola y había comido cerdo y galápago, y anllera, una cosa rara que comen los etíopes. Incluso bebió areque suso, un licor típico de allá que decían los cubanos que lo fermentan con mierda. Mi padre era un salvaje. En Etiopía le pusimos la bestia de Dire Dawa. Es la única persona que conozco que engordó en Etiopía. Doce libras en menos de un mes.

Creo que gran parte de la crisis alimentaria de este país a partir de entonces fue culpa de mi padre.

Pero Manolo no era así. Era un hombre enfermo. Por eso acabó en el hospital a mi lado. Porque él, como yo, atraía las enfermedades con el miedo.

Pero era un gran padre y quería llevar la cabrona grabadora a Jorge y la regla de cálculo a Yanet. Ambos buenos chicos y estudiosos. Jorge estudiaba medicina. Un joven guapo, luminoso, afectivo, tímido y frágil. Yanet era bella. Una trigueña esbelta, con una melena larga ondulada. Un bombón. En algún momento medio que le tiré los tejos. En algún momento pude haber tenido una oportunidad con ella pero habría sido un desastre. Manolo era mi compañero de escena, casi un segundo padre, y yo no estaba para nadie. A mí, en aquella época, me gustaban todas. Y yo le gustaba a muchas de las todas. Era el chico del momento. Quizás, el comediante más popular de la isla, actor de películas de arte de cine cubano, tocaba la guitarra, cantaba un poco y escribía alguna cancioncita. Era ingeniero termoenergético, que también da caché, y hasta me había puesto guapo. Debió de haber sido por el aumento de la autoestima. ¡Ja! Estaba en mi mejor momento. Yo era Bandurria.

☆ BANDURRIA ☆

B andurria fue un personaje, pero más que eso, fue una creación, y lo digo sin que me tiente la falsa modestia. Jamás trabajé tanto un personaje como Bandurria. Analizaba microscópicamente cada palabra, cada sílaba, cada intención de aquel guion. Dos amigos actores que, como yo en aquella época, estaban enamorados del sistema Stanislavski —el método de actuación creado por el gran maestro ruso—, me ayudaron en la creación de este monstruo. Porque fue un monstruo, un Frankestein del Caribe que por poco me devora y no me deja ser Alexis.

Aquella serie de la televisión cubana se llamaba *Los pequeños fugitivos* y era protagonizada por dos niños. En el capítulo cinco apareció mi personaje, Bandurria, y ya nunca más los protagonistas fueron los niños. Los protagonistas eran Bandurria y Quiroga, que lo interpretaba Manolo Melián. En algo raramente visto en la televisión, el director de la serie, Raúl *Loco* Pérez, un genio absoluto de la imagen, nos permitió cambiar, no solo líneas de diálogo, sino también escenas enteras del guion. Yo estaba en un trance creativo y llegué a conocer ese personaje mejor que el mismo autor. Y que me perdone Pedro Urbezo.

Ese personaje me cambió la vida. Yo era un actor novel, deseoso de hacer un gran trabajo de actuación, y Bandurria me cayó del cielo. Bueno, me lo gané haciendo *castings* contra algunos de los jóvenes actores más famosos de Cuba. Fue tal mi felicidad al saber que había sido el elegido, que me fui a casa con los 56 capítulos de la serie, me los leí todos, me los estudié todos y elaboré una historia del personaje tan rica que el director la leyó delante de todo el elenco de más de cien actores, todos con mucha más carrera que yo, y me puso de ejemplo de lo que quería que todos los actores hicieran. Algunos habrán pensado "otro que se cree que se va a comer el mundo", "otro idiota obsesionado con 'el método'", pero yo me sentí muy feliz y con mucha energía. Porque con esto de la actuación siempre hay un misterio. ¿Qué es actuar? Para unos es solo mentir con naturalidad. Para otros es un trabajao de creación e investigación que te hace llegar a ser el personaje. Estos últimos son los llamados Stanivslaskianos. Seguidores del método del gran maestro ruso Konstantín Stanislavski, el hombre que cambió la interpretación a nivel mundial, y que inspiró las mejores escuelas de actuación norteamericana, como el Actors Studio, de donde salieron Marlon Brando, Al Pacino, Dustin Hoffman y muchos de los más grandes. Yo en esos años había descubierto el método de Stanislavski en un librito que en Cuba se llamaba *"Como se prepara un actor"* y que se volvió mi biblia. Lo tenía siempre en mi mesita de noche. Y el personaje de Bandurria me dio la oportunidad de poner en práctica lo que había leído en ese libro, y el resultado, tengo que decirlo, fue asombroso. Me convertí en el personaje.

En mi locura creativa me busqué una mascota que no aparecía en el guion, pero yo entendí que aquel vagabundo tenía que tener un rasgo de humanidad, aunque fuera con un animal, y me busqué un curiel, un conejillo de indias, un cuy, que me regalaron en la facultad de biología de la universidad. Ese animalito andaba conmigo día y noche viviendo la vida de mi personaje. Dormía en mi habitación, andaba La Habana con él, hasta lo llevé a ver la película *Amadeus* de Miloš Forman. Yo no estaba loco, pero quería estarlo. Quería ser como Dustin Hoffman, como Robert De Niro. Quería ser un actor loco con la actuación.

Bandurria era un tragicómico. Un joven marginal e inculto, casi idiota, lo que lo hacía gracioso. Yo me inventé una historia previa, en la cual él era un niño abandonado por su padre. Su padre, blanco, no quería un hijo mulato y ese rechazo había hecho de él un individuo malo. Pero era un malo torpe, que a fin de cuentas ni era tan malo, y era el delirio de los niños. Me pintaba los dientes de negro; lo hacía yo mismo, no la maquillista, porque yo conocía el diseño exacto de las caries. No me peiné nunca en el tiempo que duró la serie y me busqué la peor ropa de los almacenes de la televisión. Recuerdo que Grecia, la diseñadora de vestuario, me dijo: "Niño, qué actor más raro eres que quieres ropa vieja". Pero yo sabía lo que quería: esa sensación de verdad que me enseñaba Stanislavski desde los libros. Yo no quería actuar, yo quería ser. Y fui. La filmación de una escena en la que yo perseguía a los niños protagonistas en Santa Cruz del Sur, un pintoresco pueblecito de la provincia de Camagüey, me recuerda hasta qué punto fui Bandurria en aquellos meses. En tal escena yo caminaba por una calle mal asfaltada. De pronto vi a los niños, y en un rápido movimiento me escondí en un pasillo. Un perro que estaba por ahí se alteró ante mi brusco movimiento y fue a ladrar donde yo estaba. Yo lo espanté de un manotazo. Cuando terminé la escena, me quedé pasmado: yo le tenía terror a los perros porque de niño un perro me había mordido. No era yo quien había espantado al perro, era Bandurria quien lo había hecho, porque él también era un perro callejero. Son esos momentos maravillosos, en los que el actor es el personaje, los que hacen que una interpretación adquiera una nueva dimensión. Son estos momentos mágicos los que perseguimos y por los que vale la pena dedicarse a esta profesión difícil pero maravillosa que es la actuación. Bandurria me hizo actor.

Cuando la serie salió al aire, el resultado fue desmedido. En unas semanas, pasé de ser un don nadie a ser la revelación de la televisión en Cuba. Los mejores actores, escritores y directores del país me felicitaban en la calle. Pasé a integrar los círculos de artistas, de intelectuales, donde era bien recibido y admirado. Dondequiera que llegaba era un suceso. Dondequiera que actuábamos —porque reitero: tenía una pala, maravillosa pala, en Manolo Melián— era un éxito total. Y yo empecé a escribir, así de repente, para el dueto. Nadie me explicó cómo se escribía. Yo solo tenía la referencia de los maravillosos diálogos del programa radial *La tremenda corte*, un clásico del humor latinoamericano, y la gente se moría de risa con nuestras rutinas. Actuábamos en los mejores escenarios de La Habana y el resto de la isla. Una tarde, Orlando Quiroga, un gran escritor de televisión, me dijo: "Es una pena que en este país el éxito no signifique nada. Si esto fuera México, te harían diez películas como a Cantinflas, porque ese personaje es el Cantinflas cubano". Fue un gran halago y, al mismo tiempo, una premonición dolorosa.

Bandurria no llegó al cine pero sí a la radio, al programa *Alegrías de sobremesa*, precisamente el que había sustituido a *La tremenda corte*. *Alegrías de sobremesa* lo escribía —aún lo escribe; lo ha hecho durante cincuenta años— Alberto Luberta. Un genio. Cincuenta años escribiendo un *show* de humor cada día. No conozco a otro. Luberta precisamente había aprendido el oficio con Castor Vispo, el genial escritor de *La tremenda corte*. Ahí entré yo y así el círculo se cerraba.

Luberta me propuso integrar el elenco estelar de su *show* radial, por el que habían pasado los mejores cómicos de Cuba desde los años sesenta. Pero el personaje no debía llamarse Bandurria porque era el nombre de un personaje de una serie, que transcurría en los cincuenta, antes de la revolución, y convertir a un personaje del "pasado" en un símbolo de la Cuba actual era políticamente delicado. Pero yo no podía traicionar a mi personaje. Yo respetaba profundamente a Bandurria como alguien que existía realmente, alguien que había convivido conmigo día a día por más de tres años ya. Al final se me ocurrió algo. Había un momento, solo un momento en la serie, donde yo decía mi verdadero nombre y dejaba claro que Bandurria era un apodo, un chiste. Me decían cretino, y yo aclaraba: "Cristino, Cristino Hernández, pero desde pequeño me dicen Bandurria". Se lo conté a Luberta y me dijo: "Me gusta Cristino Hernández porque así se puede llamar cualquier cubano". Y así fue como Bandurria se convirtió en Cristinito. Aún mucha gente me pregunta en la calle si ya no hago a Bandurria. Lo hago siempre, Cristinito es Bandurria convertido en personaje de comedia; aquí queda explicado.

El éxito del personaje en la radio fue total. Llegó a ser, quizás, el personaje de más éxito de esos años en *Alegrías de sobremesa*, y diría que del humor en Cuba. Aún hoy es mi personaje más querido y de mas éxito. Hay gente que no me sigue a mí, sigue a Cristinito.

☆ MONÓLOGO DE CRISTINITO ☆

A continuación les dejo uno de los tantos monólogos de Cristinito. Cuidado con ese tipo: puede producir adicción.

Buenas gracias, muchas noches. Es un gran honor para ustedes estar aquí. Quisiera dedicar este *show* a mi madre porque precisamente un día como hoy, pero de otra fecha, la perdí. Yo perdí a mi madre en un centro comercial y nunca volvió a la casa porque tenía arteria asquerosa y no se acordaba de nada. *Habíanos* ido a la tienda de hasta la Victoria Secret, porque ella quería comprarse unos *blumers* o *panties* o pataletas como también se le dice en otros *indiomas*, nuevos, porque a los que ella tenía ya solo le quedaba la liguita de arriba. Y mientras ella compraba, yo me fui a buscar un helado y cuando envolví ya ella no seguía continuando allí. No estaba y la perdí. Imagínese, que perdida. La persona más importante, que me dio el ser, ser o no ser como dijo William *Shespirito*, la progesterona de mis días, el personaje más principal de mi vida, mi mamá y yo, y *vicerveza*. Nos llevábamos muy bien a *pensar* de que ella era mucho mayor que yo. Bueno, mi mamá me llevaba… cuando yo tenía veinte ella tenía cuarenta, y después cuando yo tenía treinta ella tenía como cuarenta y cinco. Ya me llevaba menos porque se va rebajando la diferencia horaria por el agujero de la capa de *Osorio*. Pero fue la persona más importante de mi vida, la que me enseñó los valores fundamentales, cuánto vale el dólar, cuánto vale el euro, la libra *estelvina*, el amor al apátrida, a la *labandera*, la educación, los molares. Niño, lávate las manos después de comer, niño, lávate la boca antes de vomitar, niño, no te comas los mocos, dámelos a mí. Una gran mujer, decente, no de esas que hoy en día van a la *discosteca* y se toman tres tragos y se acuestan con cualquiera. No, a mi madre había que pagarle porque ella tenía que mantener a sus hijos y a pesar de la escasez que había en Cuba en esa época, esa época que sigue continuando y no se acaba nunca. A pesar de eso, a nosotros nunca nos faltó un plato de comida en la mesa. Faltaba la comida, pero el plato estaba ahí y nunca y jamás nos *fuinos* a la cama sin haber cenado porque además no teníamos cama. Dormíamos en el suelo porque *éranos* pobres pero indignos. Además, una persona buena, siempre del lado de los débiles. Me *arecuerdo* una vez que fuimos a ver la película de *Nat Kin Kon*, no, *Kin Kon* el mono, *Nat Kin Kon* era un cantante de los ojos azules. Ah no, ese era *Flan Sin Nata*. Bueno, *estábanos* viendo *Kin Kon* y llega la parte en que *Kin Kon* coge a la rubia así y la *alevanta* así y el público ¡ay la mata, ay se la come! y todos *asutaos* pero nadie hacía nada. Y

Kin Kon con la rubia acabando y en eso se levantó mi madre en el medio del *cisne* y dice oye, negro, suelta la rubia ya, baja la rubia ya *por* mi madre era un poco racista. Bueno, la gente de *ante* era un poco así y mi madre negro, baja a la rubia y *Kin Kon* seguía haciendo la escena y ni la miró y mi madre fue pa'llá, pa' la pantalla y empezó a *sacudiridísela* así a *Kin Kon*, no a la pantalla, pa' tumbarle a la rubia y allí fue cuando el público empezó a protestar, claro, ya *motiviados* por mi madre ¡eh, eh, suelta, suelta, eh, no hagas eso, eh, eh! Pero entonces vino el dueño del *cisne* y la policía que estaban confabulados con el mono, porque la gente siempre se pega al fuerte y se llevaron a mi madre presa. Y allí en la cárcel se complicó porque en una discusión por cinco pesos mató a una viejita y la cogieron con ella. Pero mi madre siempre estaba al lado de los *debilitados*. ¿Tú has visto esa gente que tiene defectos *fílmicos* en la cara y la gente se burla en la calle? Mi mamá nunca, ella hablaba con ellos, les daba *alánimo* y después se los llevaba para la casa y los operaba ella misma. Les daba unos traguitos, los emborrachaba y los operaba gratis. No como esos médicos que ven a un narizón en la calle y ya piensan: ahí tengo cinco mil dólares. Nada, operaba gratis y algunos hasta le quedaban bien y por eso cuando algún día me *estrieguen* el premio Nobel se lo dedicaré a mi madre, porque si hoy en día soy un *eugenio* es gracias a ella. Porque siempre me enseñó lo mejor. Mami, donde quiera que estés en el cielo, en la tierra, en el agua, en el fango, te quiero. Ella siempre me decía mijo, tú vas a ser grande y tenía razón. Mira el tamaño tengo y la clase de artista que soy, *molestia* aparte. Y creo que los que *henos* nacido con un *coecifiente* de intelectual más por encima de *las medias*, tenemos la *micción* de iluminar y dar *incultura* a las masas *pululares*. Y están pasando muchos *conflitros* en el mundo mundial que no deben seguir continuando o serán el fin, la *cocalipsis*. Los problemas de los países *jarabes* y del *Miedo* Oriente, eso tiene que acabar momentáneamente. La droga, la prostitución y otras ventajas ya no son suficientes. El día que venga el *Agamenón* que ya *pornosticaron* los *testículos* de *Jeován* —Jeovín, Jeován, cada día yo te quiero más—, ese día se *saberá* quién es quien, quiénes son quienes y cuál es cual, y así *subversivamente*. Y por eso, para hablar de todas estas respuestas sin preguntas es que he *helecho* esta canción, que se llama *intirrogantes*.

INTIRROGANTES

¿Por qué es que en el mundo hay guerras?
¿Por qué hay contaminación?
¿Por qué se orinó la perra
encima de mi colchón?

Son tantas *intirrogantes*
que no puedo contestar
¿por qué tiene el elefante
esa nariz descomunal?

¿Por qué la vaca da leche?
¿Por qué el toro no da también?
¿Por qué es muda la letra *eche*?
¿Cómo camina el ciempiés?

¿Y por qué la cucaracha
aguanta la bomba nuclear
y si la pisas la escachas
y ya no puede caminar?

La cucaracha, la cucaracha
¿y por qué el caballo *rilincha*?
¿Por qué el pato hace cuas cuas?
¿Por qué la espina pincha
y los besos suenan muas?

Son cosas que mi *celebro*
no consigue *de extender*
si el diablo está en el infierno
porque vive conmigo
la madre de mi mujer

Son tantas *intirrogantes*
que no puedo contestar
si *estormuda* un elefante
el mundo se va acabar

Y si el elefante hace caca
ay, dígame usted mi hermano,
si el pobre no tiene mano
cómo se podrá limpiar

Ay, elefante mi compa,
de entenderte nunca acabo
porque tú tienes la trompa
mucho más larga que el rabo

Ae, ae, ese bicho esta al revés
Ae, ae, ya de pensar me cansé

Ah, también soy *encojonologista* y *potejo* a las *especias* en peligro de *extensión*. Los animales, las plantas, la flora y la Fania All Star, los peces, vivos y congelados. Porque es una injusticia lo que les hacen cuando los pescan. Que te lo hagan a ti, que te metan un *anzulejo* por la boca y te arrastren para afuera de tu bañadera *encuero* y echando sangre. Y a todos los *mamalíferos* también. Al perro, a la vaca, a la lechuza, la calabaza, a todos, a todos los *mamalíferos*. Ustedes mismos son *mamalíferos* porque chupan. Todo el que chupa es *mamalífero*. Yo los *potejo*. La misma *ligartija*; cada año mueren *cienes* de millones de *ligartijas*; es un *gerucidio*.

Hoy mi son va dedicado
a las pobres *ligartijas*
que les arrancan el rabo
que les abren la barriga

No las deben *turturar*
yo me pongo en su lugar
si yo tuviera ese rabo
no me lo dejo cortar

Deja ya tranquilo al animal
el rabo no se hizo pa' jugar
deja ya tranquilo al animal
el rabo no se hizo pa' jugar

Y así, *cienes* y *cienes* de *descomposiciones* musicales. Algún día editaré mis *sobras* completas, y se van a caer de culo porque todo es de mucha *caridad*. Por cierto, el nombre de mi mamá. Y si tú tienes madre, porque hay quien no tiene, cuídala, quiérela y respétala en la medida de tus *imposiblidades*. Como dice mi canción a las madres:

Madre no hay más que una
como dijo Carlos Marx
la madre es una fortuna
no la maltrates mal

No le pegues no no no
ella no se lo merece
recuerda que te llevó
en su vientre doce meses

Madre no hay más que una
como dijo Carlos Marx
la madre es una fortuna
no la maltrates mal

No le robes el dinero
pa' después irte a beber
úsalo pa' algo bueno
cómprale algo a tu mujer

Madre no hay más que una
como dijo Carlos Marx
la madre es una fortuna
no la maltrates mal

Ay, mamá, cómo te extraño
ay mamá cómo te quiero
debajo del aguacero
me gusta bañarme en cuero

En fin, Cristinito no tiene fin. Me acompaña y me acompañará por siempre. Es el loco divertido que todos llevamos dentro. Como decía, no llegó al cine. Aún no ha llegado. Pero lo disfruto mucho. Es un personaje tan querido. Con él me pasa algo único. Salir a escena y que con solo salir la gente aplauda. Es el halago mayor. Es como decir que ya la gente te está dando el aplauso por adelantado. Como a crédito. O mejor, regalado. Y eso en primer término significa que confían en ti. Que creen en ti, sin necesidad de pruebas. Y eso te acerca a Dios. Que no es endiosamiento, es adiosamiento, te adosas a Dios, te pones a su vera. Porque estamos hechos a su imagen y semejanza ¿no? Pues lo más lógico es que busquemos como ideal revelar el Dios que llevamos dentro. A eso jugamos los artistas, a ser Dios por un rato. Perdonen la osadía.

De todas maneras, creo que Dios tiene sentido del humor. Que no es serio, severo ni se ofende con facilidad. Esa es una visión de Dios que no comparto. Creo en un Dios de amor. En un Dios que llevamos como símbolo, guía y compañía. Alguien dijo que Dios es un humorista ante una audiencia tan asustada que no entiende sus chistes. Sea como sea, no comparto la idea de esa gente que se acerca a Dios con temor. No, yo me acerco a Dios como soy. Un día le hablo en serio y otro día le hablo en broma. Así soy en la vida. Así me creó y así me quiere.

☆ MONÓLOGO DE DIOS ☆

Con el hecho de sentirse Dios, años más tarde escribí un monólogo con el que triunfé en muchos escenarios de España. Una noche compartía tablas en un pueblo de la isla de Tenerife con Manolo Vicira, el más querido de los cómicos canarios. Yo abrí el espectáculo. Y como muchas veces hacía en España, cerraba con el "Monólogo de Dios". Y así hice. Y la gente aplaudió mucho.

Regresé al camerino y el promotor que me había contratado se me acercó con cara desencajada y me dijo: "Ay, la has cagado, has contado lo de Dios; se me olvidó advertirte que el alcalde de este pueblo es muy católico. De todos los domingos ir a misa, de ir en procesión. Es hasta teólogo el tío". ¡*Wow*! "Sí que la cagué", pensé.

Al terminar su fantástica actuación el señor Vieira regresó al camerino. Acto seguido llegó el afamado alcalde con toda su comitiva y fue directo hacia mí. El promotor nos miraba con cara de circunstancia.

—Me ha encantado lo que hiciste de Dios —me dijo.

—¿Ehhh?

—Sí, yo soy teólogo y entiendo perfectamente lo que dices. Es muy divertido y, al mismo tiempo, muy respetuoso.

Al promotor no le quedó más remedio que hacerse ese famoso acto de contorsión que es meterse la lengua en el culo. Así decía aquel monólogo.

Buenas noches. Gracias, gracias. Gracias por esos aplausos. La verdad es que nos hacen sentir como Dios. Y claro, como estamos hechos a su imagen y semejanza. A veces con pocos detalles, entras aquí, música, aplausos, alabanzas y uno duda: ¿Seré yo?

¿Nunca les ha pasado que han llegado a creer que son Dios? A mí me pasó. Fue la primera vez que iba a venir a actuar a España y un amigo gallego en La Habana me dijo: "¿Vas a la Madre Patria? Pues allí la gente es muy elegante, así que ve vestido como Dios" (una expresión española que quiere decir muy bien vestido). Y yo, que no conocía la expresión pensé: ¿Vestido como Dios? ¿Y cómo se vestirá Dios porque yo nunca lo he visto? Es que en Cuba entonces no teníamos mucha cultura católica. Y le pregunté a mi amigo.

—¿Carmelo, y cómo se va vestido como Dios?

—Tío, pues de *smoking*, con mucha etiqueta —me aclaró mi amigo.

Me compré un *smoking* y le puse todas las etiquetas que encontré. Tampoco eran muchas porque en Cuba no hay tantas marcas, no hay tanto consumismo. Pero hay consumismo, hay quien se pasa años *consumismo* pantalón, *consumismo* zapato.

Y así fui. Que en mi desconocimiento yo no sabía que en los aviones no se puede llevar *smoking*. Bueno, hay letreros por todas partes que lo aclara, "No Smoking", "No Smoking", y me lo tuve que quitar. Pasé un frío tremendo.

Pero a lo que íbamos. Al llegar a Barcelona me volví a poner mi *smoking* y parecía que lo de haber venido vestido como Dios había sido una idea afortunada porque la gente me confundía con Dios. Sí, sí de verdad, me decían Dios, Dios, Dios (después me enteré que los españoles no pronuncian *adiós* sino "dios"): Dios buenas tardes, Dios buenas noches, vale Dios, Dios gracias.

Pero claro, me estaban diciendo Dios y yo había venido vestido como Dios. Y esto me hizo pensar: ¿Será solo por el *smoking* o es que además me parezco? Yo nunca me había encontrado ese parecido. Bueno, tengo cosas que sí.

Pero en mi país, ni mi familia, ni mis amigos, nunca repararon en eso. Y eso que en Cuba se "repara" todo, porque no hay piezas de repuesto. Entonces se me ocurrió que como nadie es profeta en su tierra, he tenido que venir a otra tierra para que se note mi divinidad. Y pensé: coño, que putada, en Cuba cuando se enteren que yo era Dios... con lo que se han gastado para recibir al papa.

Claro que tenía mis dudas acerca de si yo era Dios. Pero, pensé, no sé, alguien tiene que serlo y me ha tocado a mí. ¡Yo que sé! Pero también... si soy Dios y tengo una fuerza infinita, ¿por qué nunca pude romper el bloqueo? Como es que soy Dios y sin embargo, sin embargo en Cuba hubiéramos vivido mucho mejor. Estas cosas me hacían dudar de mi posible divinidad.

Aunque quiero aclarar que no es que yo dijera que era Dios, no vayan a pensar que soy un creído. No, era la gente. ¿Y qué iba a hacer? Decirles: no, no soy yo, se equivoca, me parece que me confunde con otra persona. Una cosa es ser honesto y otra ser idiota. Porque es que además me gusta. Ser Dios es genial. Ustedes no lo saben porque no lo son, pero ser Dios...

Para comenzar, la gente te lo agradece todo. Te agradecen hasta cosas que no has hecho por ellos. ¡¿Gracias Dios mío por estos alimentos?! ¿Yo se los he comprado, se los he cocinado? No. Pues si eres Dios te lo agradecen. Y los que se sacan la lotería: ¡Ay, ay, gracias Dios mío, por hacerme comprar este número! Que yo los miro así y me da hasta pena porque, ¿será comemierda?, si yo supiera el número que va a salir, coño, juego para mí.

Además, otra cosa buena es la confianza que tienen en ti. Puedes hacer lo que quieras, trabajar en lo que te dé la gana. No necesitas demostrar nada. Ellos tienen fe en ti. Bueno, es que siendo Dios ¿te van a pedir el currículum? Le dices: coño, léete la Biblia. Pedazo de currículum. Prefieren darte el trabajo. ¿Años de experiencia? Todos.

Cuidao, que ser Dios es muy bonito pero también tiene cosas malas. Por ejemplo, esa fea costumbre que tiene mucha gente de proferir un "me cago en Dios" cuando algo le sale mal. Coño, cágate en tu abuela. ¿Qué tengo que ver yo con que se te pinche una rueda?

O la gente hipócrita. Por ejemplo, están haciendo el amor, llevan un rato en ello, con consciencia de sus actos, coño, y en el punto culminante me preguntan: "¡Ay, ay Dios mío, qué cosa es esto! ¿Qué es esto Dios míooo?" ¿Qué es eso? ¿Coño, y tú no lo sabes? Es decir, ¿te estás poniendo las botas y me preguntas a mí? ¿Por qué de paso no me invitas?

Que con respecto a lo del sexo yo quería hablar con el papa. Más que hablar, darle un buen tirón de orejas. Bueno, un tironcito que está mayor el hombre porque está diciendo cosas en mi nombre que yo nunca he dicho. Dice que hacer el sexo con condón es pecado y lo peor es que agrega: palabra de Dios. ¿Cuándo se me ha escuchado a *mí* decir semejante cosa? Claro, como está tan mayor y no puede, le molesta que los demás lo hagan. Pero lo llamaré pecador. Sí, porque si pecado es la lujuria, también la envidia es pecado. ¡Y es un pecado más feo! ¡Óyeme bien, no quiero que se dicten normas de conducta a los seres humanos que les hagan infelices! ¿Queda *clero*? ¿Queda claro?

Que también le entiendo. Cuando ya no puedes, jode. Bueno, más bien molesta. Que le entiendo teóricamente porque ¿qué te puede preocupar la impotencia cuando eres omnipotente?

Pero me di cuenta que no era Dios, porque Dios nunca está asustado ni nervioso. Ni busca la aprobación de los demás en lo que hace: ¿ay, les gustará?, ¿no les gustará? Si eres Dios, todo lo que haces es divino. Si eres actor, como yo, te plantas en el escenario, tranquilo, dueño de la situación, los miras a todos y les dices: hijos míos, esta noche han vivido una experiencia religiosa, una epifanía: han visto a Dios. O algo parecido, ya saben, el teatro es el reino de la imaginación. Tuvieron fe en mí, vinieron a pesar de la crisis, lo cual puede considerarse milagro. Gozaron como benditos. Otro día nos volveremos a ver, si Yo quiero. Vayan por el camino del bien que por el del mal hay un tapón espantoso. Y hagan el amor, nunca la guerra, por motivos prácticos, entre otras cosas: estamos en crisis y una bala es mucho más cara que un condón. Amen, amen y Amén.

☆ EL CÓMICO QUE NADIE ESPERABA ☆

Para subirse a un escenario hay que tener bastante coraje. Digamos mejor, huevos; queda más explícito. Subir solo a un escenario y tratar de entretener al público por un par de horas es un *tour de force*. Es una aventura, a la que la mayoría de los actores no se atreven. Impone. Imagínenlo. Pararse delante de cientos de personas a decir cosas que les deben hacer reír durante dos horas. Imagínate tú haciéndolo. Solo. Sin los amigos que te ríen la gracia. Jodido, ¿eh? Conozco gente muy, muy graciosa que si se sube a un escenario o le pones delante una cámara pierden toda la gracia.

Ser cómico es una batalla. Es como el torero. El toro es el público. Hay noches que el toro quiere cooperar y noches que no quiere. Y tú tienes que torear ya sea con el buen toro o con el mal toro. Y siempre, antes de salir a escena, estás cagado, como el torero, porque no sabes qué toro te va a tocar.

Se necesitan grandes dosis de confianza en ti mismo que se adquieren con los años. Y después, oficio y maestría de tu oficio. Como me dijo una vez una maestra: ya te estás convirtiendo en maestrico de tu arte. Porque aprendes de cada día. Y como los médicos, eres capaz de hacer un diagnóstico rápido de tu público y prescribir el medicamento. Si notas que están dormidos, pues a darles energía y velocidad hasta que despierten. Y hasta que eso no pase, no tienes derecho a tomarte un aire, porque si no los enganchas de entrada se te va a pique la función. Hay otros públicos que, por el contrario, están tan entregados y tan deseosos de marcha que tienes que bajarles un poco la euforia para que te dejen actuar, porque si no a la media hora estarán desinflados y también se jode el *show*. Es como cuando se hace el amor: ritmo, energía y control.

Y una cara muy dura. Hay que tener la cara muy dura para pararse en un escenario y decirle al público: buenas noches, soy cómico y les voy a hacer reír. Mierda. Seguramente mucha gente quisiera hacerlo. Pero le falta el desplante, la cara dura. La seguridad, la desinhibición, la autoestima. Yo esto lo fui adquiriendo de a poco, quitándome la timidez enfermiza que traía de la niñez.

Supongo que existe el destino. Y supongo que es algo que no se muestra fácilmente. Que hay que descubrirlo, o dejarse llevar, o adivinarlo. Supongo que también hay gente que no hace el camino a favor de su destino y lleva una vida a contracorriente. Yo creo que estoy en mi camino. Y uso todas las estrategias. Trato de descubrirlo, de adivinarlo y me dejo llevar. Pero creo que nadie que me conoció de niño podría imaginar que yo acabaría siendo lo que hoy soy.

☆ EL GORDI ☆

No creo que nadie supusiera que yo tendría éxito en la vida. De niño, jamás fui un triunfador. En mi barrio era uno más, por no decir uno menos. Era malo en casi todos los deportes. Pero ni siquiera tan malo como para ser el hazmerreír. O tan malo que la gente se peleara por no tenerte en su equipo. O tan malo que solo juegas porque eres el dueño del bate y la pelota. No, yo no llegaba a ese nivel de estrellato. Yo era malo, pero no maaaaalo. Era un malo gris. Y para colmo, era un poco gordito; hasta me decían el Gordi. Amorosamente, pero hay amores que matan, coño.

En la casa era un segundón. Mi hermano Nelson era la estrella. En todo. Era más guapo o simplemente guapo. Era mejor estudiante (de hecho entró en la escuela Lenin, reservada solo para primeros expedientes). Era asmático, lo cual a primera vista parece ser un inconveniente, y lo es, pero también te da un *charm*, el encanto del chico guapo pero aquejado de una enfermedad letánica, como un mártir. Y claro, eso unido a que era guapo, estaba en la escuela Lenin y tenía unos destellos rubios en su pelo rizado. Era una estrella. Y yo no lo discutía. Mi mayor aspiración era estar al lado de mi hermano. Bañarme un poco con la luz de esos rayitos trigueños (y aquí aclaro que trigueño, contrario a lo que dicen los cubanos que lo emplean para referirse a "moreno", debe ser *rubio*, por el trigo. Y si no es así, me importa una mierda, lo pongo para joder) que desprendía su cabello de jabaíto lindo. Otra aclaración: *jabaíto* o *jabao* se le llama en Cuba a ese mestizo de piel casi blanca pero de pelo rizado; y más importante: que indica que hay un negro en la familia. Y hay jabaos lindos (con facciones de blanco, así es el racismo) y jabaos feos (un blanco con cara de negro). Pues mi hermano era un jabaíto lindo, y yo era, uhmm, no tan lindo ¿ok? Al menos ese era el juicio general. Ahora veo mis fotos y digo, cabrones, no estaba nada mal. Me parezco a mi hijo Leo, que es bello. Idiota que fui, y me dejé convencer de lo contrario. Viví años de feo, por gusto.

En la escuela era de lo peor. Nunca el peor, ya digo que nunca brillé. Pero casi el peor. Lo que te hace el peor absoluto, porque ni siquiera eres el triunfador en lo peor. Hablaba en clase (que no sé qué obsesión tienen los maestros con que uno no hable si ellos hablan todo el tiempo. Supongo que no quieren competencia), nunca hacía mis tareas o deberes o como quiera que se le llame a esa mierda que te quita aun más del poco tiempo que te queda para jugar después de salir de esa cárcel con libros que es la escuela. Porque, seamos honestos, la escuela no es más que una cárcel o un hospital de día, o en el mejor de los casos, un estacionamiento de niños donde los padres dejan a sus hijos para poder ir a trabajar. Pues yo en la escuela fui un desastre. Creo que pasé por más de diez escuelas desde la primaria hasta el preuniversitario, y de todas me quisieron expulsar. Casi llegué al delito, porque en los setenta y ochenta ser indisciplinado en la escuela, en la demencia social cubana, era considerado contrarrevolucionario, diversionismo ideológico, gusanería y otros epítetos que te llevaban a una marginación que poco a poco, de manera naturalmente absurda, hubiera podido conducir a un idiota como yo a la cárcel. Por suerte, nunca llegué a la cárcel. Bueno sí fui, pero ya convertido en estrella de la comedia, a actuar para los presos.

Creo que ya tienen una semblanza de quién era yo. Un jabaíto, no muy guapo, gordito. Vaya cagada de niño. Era tímido, muy tímido. Era mucho menor que el resto de los chicos de mi clase porque empecé la escuela antes. Solo una cosa a mi favor: era bueno académicamente. A pesar de que no estudiaba, a pesar de que nada me motivaba, era lo que se dice un niño inteligente. Es decir, que era casi el peor de la clase pero sacaba buenas notas. Yo supongo que los demás me odiaban.

Tenía otra cosa a mi favor. Mi abuela América.

☆ AMÉRICA ☆

Mi abuela América es, en mi vida, más que una persona, un personaje. No sé hasta qué punto la recuerdo tal cual era, y hasta qué punto la he idealizando y ficcionalizando. Era una viejita porque siempre la recuerdo viejita. Mi abuela es de esas raras personas que quería ser vieja, que sentía que eso le dada caché, que hasta se ponía años de más. Era dulce y enérgica. Algo raro, como un ser poderoso. Que lo era. Sobre todo mentalmente. Era la consejera de mi barrio. Todos venían a pedirle su sabio consejo. Para casarse, para no ir a la cárcel, para irse del país. Mi abuela decía que ella era atea por testaruda, porque la vida le había dado razones para creer. Baste decir que la casa en que vivía la había soñado.

En los años cuarenta mi abuela vivía en una casita muy pequeña del barrio de Santa Amalia en la periferia de La Habana. Un barrio humilde de blancos pobres y negros. Pero aún un barrio "decente". Mi abuela quería una habitación más porque ya tenía a su hijo Leonel, Pipo, mi papá. Una noche soñó que se encontraba en la bodega con Felicia, la que le alquilaba la casita, y que le preguntaba si tenía otra casita más amplia a un precio similar. La Felicia, en un desplante, le decía "Vete a los cuatro vientos", algo inusual en aquella afectuosa mujer. Al día siguiente mi abuela se cruzó con Felicia en la calle y le contó su sueño, el de los "cuatro vientos". Felicia sonrió, porque nada más alejado de su temperamento amable, y le dijo que precisamente tenía una casita muy cerca, que acababa de quedar libre y que tal vez cumplía con sus expectativas. Fueron a verla. Y sí, se ajustaba perfectamente a lo que mi abuela buscaba: dos habitaciones y por doce pesos. Solo dos más que lo que pagaba. Con un apretón, podía asumirlo.

—Me quedo con la casa —le dijo mi abuela, feliz.

—Mañana mismo puedes entrar —contestó Felicia.

Mi abuela salió de la casa a través de un pequeño pasillo que la separaba de la calle. El pasillo desembocaba en una bodega. Mi abuela se detuvo a comprar algo en la bodega. La bodega se llamaba: Los Cuatro Vientos. Como en su sueño. Vivió toda su vida en su casita junto a la bodega Los Cuatro Vientos. Creo que ya entienden el que la considere un ser mágico.

Mi abuela fue mi gran apoyo. Y lo sigue siendo. Cada vez que hago una presentación importante o estreno teatral, de cine o de televisión, cada vez que quiero pedir especialmente que las cosas vayan bien, ejecuto un ejercicio de visualización. Trato de verla en su casita, sentada en la sala, sonriente, con la luz que entra por la puerta abierta a las visitas. Si la veo así, nítidamente, tengo fe en que la cosa va a ir bien.

Pues yo era ese niño segundón, indisciplinado, gordito y torpe, pero tenía a mi abuela América. Solo en su casa yo me sentía un rey. Ella me mimaba y me consentía y, sobre todo, me alentaba. Recuerdo que yo estaba convencido, o me había convencido mi entorno, de que era un perdedor, que nada especial se esperaba de mí. Hasta llegué a pensar, al terminar mi sexto grado, en matricularme en una escuela donde formaban a técnicos de la industria láctea. ¿Se imaginan, yo técnico en yogur? Con todo respeto a la gente que hace yogur. Hoy tendría el carácter aun más agrio. Porque yo tengo un carácter cabrón. Yo, y todos los cómicos que se respetan. Los cómicos no somos más que unos rebeldes, contestatarios, inconformes con la realidad que, como no tenemos el suficiente idealismo u optimismo ni el desmedido ego de los que se creen mesías para cambiar las cosas, pues las cagamos con la burla, la parodia, la chanza y otras artes del desprestigio.

Pero quedamos en que era un niño y quería estudiar yogur. Mi abuela, que era una mujer pobre con aspiraciones, que su mayor dolor era no haber llegado a ser maestra porque tenía que traer dinero a casa; ella, que, como no pudo sacar provecho a su notable inteligencia, reaccionó alarmada, indignada.

—Qué coño yogur, no yogur, usted tiene que ir a la universidad —me dijo.

—No, abuela, ese es mi hermano. Yo soy bruto —le contesté.

—Bruto nada, usted es muy inteligente —me dijo.

Y me lo dijo de tal manera que han pasado cuarenta años y aún me lo creo. Y por eso no he parado de estudiar, de leer, de aprender; no porque sea inteligente, sino porque mi abuela me convenció de ello.

Ah, se me olvidó decir que mi abuela era negra. Por eso nunca entendí el racismo. ¿Cómo podía yo aceptar lo que casi todo el mundo aceptaba, y sigue aceptando —que las personas negras debían estar por debajo de las blancas en la escala social—, si el ser más especial, noble y maravilloso que conocía era esa mujer negra? De hecho, me desconcertaba la manera diferente en que los demás miraban a mi abuela. Para ellos, por su piel y sus vestidos, era una negrita pobre; para mí era Dios.

Años más tarde escribí el monólogo "El negro".

EL NEGRO

—Y tú, ¿haces humor negro? —me preguntó una vez un periodista con ganas de joder, algo raro en ellos.

—¿Eso es con coma o sin coma? —le contesté. Porque no es lo mismo "¿tú haces humor negro?" que "¿tú haces humor, negro?".

Yo no soy negro; yo soy, como decía mi padre, "suplente para blanco con el número uno". Pero el negro me ha dado grandes satisfacciones, y no por donde imaginan.

Cuando decidí que quería ser actor, me fui a la televisión cubana. Allí en el Departamento de Talento Artístico, por llamarlo de una manera ostentosa, tenían dos ficheros. Uno decía "actores" y el otro "actores negros". Vaya, como si fuera una especialidad dentro de la actuación: actores que tenían unas aptitudes especiales para hacer de negro. Yo llevé mi foto; y como en aquellos tiempos en Cuba las fotos te las tenías que llevar como quedaran, y las mías habían quedado un poco oscuras, me pusieron en actores negros. La verdad, no me gustó.

Y es lógico que a nadie le guste que le llamen negro. Y yo no tengo complejos raciales, pero se hace muy mala utilización de la palabra *negro*. ¿Por qué voy a permitir que me llamen negro si negro le llaman a todo lo malo? ¿No te has fijado? Que día más negro, que alma más negra, tiene un corazón negro, tiene una suerte negra, tiene un negro porvenir, que supongo yo que será una negra embarazada, ¿no?, porque si tiene un negro por venir… Eso parece una merienda de negros, eso es magia negra, el ave negra del infortunio, el mercado negro. El cine, cuando es de gánsteres y asesinatos: cine negro. Coño, ¿quieres tú algo más feo que el beso negro? ¡Hasta el dinero si es negro es malo! ¡Hay que blanquearlo!

Y últimamente los científicos tienen acojonado al mundo con los agujeros negros. Y yo me pregunto, señores, si el agujero negro nadie lo ha visto, eso es una abstracción, que se supone que un planeta por una contracción de su masa ha generado un campo gravitacional tan fuerte, coño, que se chupa todo lo que pasa por ahí, lo mismo la luz que una nave espacial, que una vaca. Bueno, a eso en consecuencia se le puede llamar, no sé, agujero hijoputa, ¿pero por qué negro? Si nadie ha visto el agujero, ¿por qué negro? Bueno, mejor no dar ideas porque a lo mejor le ponen "agujero hijo puta negro". Y por eso muchos negros no quieren ya que le llamen negro. No porque se haga referencia al tono de piel sino porque se ha abusado tanto del empleo inadecuado de la palabra *negro* que parece que trajera mala suerte, como los gatos negros.

Y será por eso seguramente que mucha gente, para suavizar este problema de tipo social, dicen "bueno, personas de color". ¡Personas de color! ¿Qué coño es eso, chico? Eso es inadmisible, no porque sea racista o no, sino porque es anticientífico, señores. Cuando yo estudié, a mí me enseñaron que los colores se dividen en longitudes de onda que forman el espectro y van desde el infrarrojo hasta el ultravioleta, y el color negro ahí no está, y no está porque ustedes saben muy bien que el negro es ausencia de color y de luz.

Esto por favor no se lo vayan a decir a ningún negro, ¿eh? No, coño, porque de contra que no tiene poder político, tampoco tiene poder económico, ¿y le vas a decir que tampoco tiene color? Te manda a tomar por culo. Hay que tener mucho cuidado con las cosas que decimos a la gente. Incluso algunos sociólogos han llegado a plantear que el primer hecho de discriminación racial de la historia de la humanidad fue cuando al negro lo echaron del arcoíris. Que, científicamente, esto es un error. Existe una teoría de la física cuántica —la teoría del cuerpo negro— que reza: "Señores, nada es negro, nadie es negro, porque si algo fuera realmente negro, no podría ni verse porque absorbería todos los rayos que se proyectaran sobre él". Y esta teoría —la del cuerpo negro— es la que utilizan los iluminadores del teatro, del cine, de la televisión, que siempre que hay un negro en escena, o algo que se parezca, ellos rápidamente aplican la teoría del cuerpo negro, mucho más sintetizada, claro: "Ponle más luz a ese negro porque si no, no se ve".

Sí, sí, porque la naturaleza es una hija puta, ¿eh? Los negros no son ni económicos: gastan más luz que los blancos. Chico, pero ¡qué es esto! Esto es un complot. Yo por eso defiendo tanto y admiro tanto a los negros que por el mundo han luchado durante tantos años por enaltecer su raza, su cultura, su religión. Algunos de ustedes los conocen, porque son famosos, no sé, Nelson Mandela, o artistas como Morgan Freeman, Oprah Winfrey, Whitney Houston, Eddie Murphy, Stevie Wonder… Bueno, el caso de Stevie Wonder no es el más representativo porque él tampoco lo tiene tan claro. A él le han contado que es negro. Él lucha por solidaridad con los compañeros.

Pero mira a Naomi Campbell, la modelo negra. Para mí, sin ella proponérselo, ha sido uno de los puntos de desarrollo más importante de los negros en la escena mundial. Porque tú ponte a pensar, antes de que existiera Naomi, las tetas de las blancas salían en *Playboy* pero las de las negras solo salían en *National Geographic*. Después de Naomi fue que de verdad las negras bellas salieron en las grandes portadas de las revistas de moda.

Además, todo es una hipocresía porque los blancos se pasan la vida jugando a ser negros. Se broncean la piel, se rizan el pelo y se ponen silicona en los labios por un deseo irracional de regresar a sus ancestros. Sí, porque los antropólogos, que no son gente que se pase la vida en los antros sino personas que estudian el origen del hombre —de la mujer también, por favor— han llegado a la conclusión de que el ser humano viene de África. Pero no en avión, sino que descendemos de un homínido que habitó lo que ahora llamamos África. Lo cual quiere decir, y no quiero echarle a perder el día a ningún racista, que todos tenemos un negro en el árbol genealógico. Y ya sé que esto del negro en el árbol puede sonar racista también, pero solo los racistas encuentran racismo donde quieren.

Como decía, al jugar a ser negros los blancos se reencuentran con sus ancestros. Cuando se hinchan los labios, se tuestan al sol, se rizan el pelo, y se miran en el espejo ven a sus tatarataratatarabuelos. Sí, señores, no demoren más en pensarlo. Adán y Eva eran negros y la serpiente, bueno, la serpiente era una hija de puta, de la raza que fuera.

Y yo estoy muy orgulloso de mi herencia africana, de lo que mis ancestros negros me legaron. Entre otras cosas, ciertos atributos culturales… religiosos y morfológicos. Y digo que el negro me ha dado grandes satisfacciones porque yo comencé mi carrera de actor como actor negro, y en un país donde casi no hay negros actores, eso es un buen comienzo.

Así, participé en el cine en algunos negrometrajes. *Negrometrajes* llamábamos en Cuba a las películas protagonizadas y dirigidas por negros. El más célebre director de negrometrajes era Sergio Giral. Todo un especialista. Había hecho varias películas sobre el tema de la esclavitud. Además, era un buen director. Con él hice *María Antonia*, una película de la que estoy bastante orgulloso.

De ahí me llamó Humberto Solás, un gran director, que iba a hacer nada menos que *El Siglo de las luces* de Alejo Carpentier. Era una coproducción con la Unión Soviética y Francia; evidentemente, un blancometraje, en el cual yo era el único negro. De más está decir que yo, que no soy tan negro, todos esos años me los pasé tomando el sol en la playa, en la azotea, en una parada de guagua. Donde quiera que había sol, ahí estaba yo. Lo que fuera por no perder mi condición de emergente actor negro.

Y nos fuimos a la Unión Soviética a filmar. ¿Dónde? Al mar Negro, claro está. En Yalta, donde se firmó el pacto de los Aliados después de la Segunda Guerra Mundial, donde murió tuberculoso Chéjov. Era el balneario más bello y cálido de lo soviéticos.

Rodábamos en un barco soviético donde nadie entendía a nadie. Unos hablaban la lengua de Tolstói, otros la de Molière y los cubanos la de Cervantes… la de Ignacio Cervantes, el pianista cubano. Era noviembre y en la Unión Soviética hacía un frío negro que pelaba, y quiso Dios que alguien cayera en las aguas del mar Negro. ¿Quién? El negro, yo. ¡Ay mi madre! Yo, que soy un friolento enfermizo. Cuando caí en aquellas aguas, si es que caí porque mi impresión es que más que nadar yo volaba, cuando sentí acercarse a mí ese frío negro, empecé a nadar como un negro para la orilla. Como un negro que huye de la policía, pero qué va, yo sentía que todos mis miembros iban perdiendo movilidad, que me moría. Y aquellos rusos y franceses reían: "negro al agua, negro al agua". Y yo braceando y pataleando a una velocidad jamás vista, ni medida: qué pena, hubiera roto la marca mundial para siempre. Pero la orilla no llegaba. Era como si la movieran hacia atrás los hijoputas para seguirse riendo. Y ante la negra muerte, que es lo más negro que hay en esta vida, tuve ese momentico que tiene uno para pensar en alguien que quiere mucho, y yo pensé en mi abuela América que era negra, pero era lo que a mí más se me parecía a Dios. Hasta aquí el monólogo del negro.

Tengo un amigo en el País Vasco —Carmelo se llama, un tipo muy emocional— que la primera vez que me escuchó este monólogo en un bar de Bilbao, al final se le salió una lagrimilla y me dijo: "Alex, eres un cabrón, coño, me has emocionado, me recordaste a la vieja América". ¿A quién si no?

Mi abuela desapareció físicamente en 2001. Ella quería ver llegar el nuevo siglo. En el año 2000 estaba feliz porque ya había llegado. Después dijeron las computadoras que no, que el nuevo siglo comenzaba en 2001, que el año 2000 era solo el fin del siglo pasado. Mi abuela pidió un año más. Dios, que la amaba, se lo dio.

Yo vivía en España, pero iba mucho a Cuba a verla. Se ponía feliz, muy feliz. Con una sonrisa infinita. Esta vez me llamó una vecina y me dijo: "Ven, la vieja ya no aguanta". Y me aparecí en La Habana. Estaba muy mal. Acostada en una cama. Hinchada. El líquido le había subido a los pulmones. El corazón no bombeaba bien. Casi ni me oía. "Abuela, abuela". Sonreía, aunque poquito. Hacía unos días que mi pareja por aquellos días, Paulina, la madre de mis hijos, se había hecho una prueba de embarazo y había dado positiva. Yo usé ese argumento para darle una alegría a mi abuela: "Abuela, Paulina está embarazada". Y me inventé: "Y es hembra". Mi abuela respondió: "Entonces América nunca morirá". Así se llama mi hija, América, y como ella es muy especial.

Mi abuela no solo fue mi primer sostén en la vida, sigue siendo un espíritu que me apoya. Lo siento. En los momentos importantes, casi siempre estrenos teatrales, donde hay mucha presión, intento visualizar la imagen de mi abuela, en la puerta de la casa, esperando nuestra llegada, con una sonrisa. Esa es mi bendición para salir a escena.

Todos necesitamos apoyo. Nadie puede solo. Hoy entiendo que uno debe acercarse a la gente que le quiere. A la gente que ve y potencia lo maravilloso en ti. Y huir de los que no te quieren. De los que constantemente te juzgan. Porque todo lo que hagas no será suficiente. Además, pierdes tanto tiempo tratando de agradar a los que no te quieren que no les destinas a los que te quieren el tiempo que merecen. Concéntrate y afiánzate en los que te quieren. Quien te quiere cambiar, no te quiere. Quien te quiere mejorar, tampoco te quiere a ti, quiere a un ideal en el cual te quiere transformar. Pero tú en ese rol no te sentirás a gusto, porque no se puede vivir interpretando a otra persona. Te agotas.

Una vez, Reynaldo Miravalles, tal vez el mejor actor de cine que ha dado Cuba, me dijo: "Los actores que tienen pose, los que viven veinticuatro horas con un personaje que se han creado y que creen que son ellos, jamás podrán ser buenos actores porque para interpretar cada nuevo personaje primero tienen que quitarse el que tienen permanentemente, y eso es muy agotador". Esto se puede aplicar a la vida: si te montas un personaje para agradar, para que te acepten, tendrás que llevarlo siempre y terminarás tan agotado que no te quedarán ni las energías ni las ganas para ser buena persona.

Y como decía, todos necesitamos un apoyo. Claro, si tienes dos apoyos, mucho mejor. Y mi segundo apoyo fue mi padre. Un gran actor, un gran cómico, y un gran vividor: Leonel Valdés.

☆ MI PADRE ☆

Mi viejo me dejó en herencia muchas cosas. Su sabiduría, porque mi padre era un sabio que quería parecer bruto o un sabio que no quería serlo. Estaba peleado con todo lo que tuviera que ver con la palabra intelectual y con toda pose intelectualoide. Le dio por no leer. No se leía un libro. Tal vez este sí lo hubiera leído, porque me adoraba.

Mi padre fue otro de los que me salvó la vida. Desgraciadamente, mis padres se divorciaron cuando yo tenía tres años, y digo desgraciadamente porque me habría encantado pasarme la niñez con mi padre. Recuerdo a mi padre de esos años, las pocas veces que lo vi, como a un hombre jovial, loco y feliz. Grande, gordo, exageradamente bien vestido, siempre con un auto grande, espectacular, descapotable. Mi padre era un *show*. Y tanta felicidad molesta.

Le molestaba al marido de mi madre, que era un hombre acomplejado y seguramente se sentía muy inferior a él, al punto de que en mi casa no había televisor, y yo estoy seguro de que la razón era que aquel señor no soportaba la idea que su rival entrara en su casa, y mucho menos convertido en una estrella. Y mi padre era demasiado estrella, pero en buena onda. Era un muchachón feliz e irresponsable. Para mi calle era aquel actor de éxito, que se paraba en la puerta de mi casa a sonar el claxon de su descapotable para avisar que nos venía a buscar para ir a uno de sus gloriosos paseos. Quería hacernos felices por un día, y muchas veces lograba lo contrario; la respuesta desde mi casa era: "están castigados". Y yo veía desde mi ventana cómo se iba el auto de mi padre, y con él, la ilusión de un sábado feliz.

Este señor, mi padrastro, palabra que he odiado por siempre, fue uno de mis grandes enemigos. Creo que el más grande de mi vida, porque de niño estás en desventaja. Una de esas personas que se empeña en que cargues con sus frustraciones. Que no quiere que triunfes, porque tu triunfo es su derrota. Una denuncia de su falta de talento y coraje. De niño lo veía grande. Cuando volví a verlo de adulto, lo vi tan pequeño, tan poca cosa, que, como en la película *Los duelistas*, le perdoné la vida. Pero no sé si le perdoné lo que hizo al niño que yo fui. No perdono a nadie que maltrate a un niño. En general, a cualquiera que veo abusar de su poder con alguien más débil, le pierdo todo afecto y respeto.

Un buen día, mi hermano y yo decidimos irnos de casa. Fue tremendo dejar a nuestra madre, sé que sufrió, pero hicimos lo mejor por nuestras vidas. Nuestra vida dio un giro de 540 grados, es decir, 360 más 180. Nos libramos de aquella vida gris y empezamos a recorrer La Habana y Cuba, con la *troupe* de cómicos de mi padre. Seguramente de ahí me vino el deseo de ser actor. De ver a mi padre triunfar en los más disímiles escenarios: teatros, *cabarets*, fábricas de tabacos, de perfumes, de cerveza, la fábrica de helados Coppelia, plazas públicas, restaurantes. No podría enumerar en cuántos lugares diferentes vi actuar a mi padre. Me aprendí al dedillo sus monólogos cómicos. Pero también los poemas que declamaba Ignacio Valdés Sigler, un gran actor, y no por eso menos borrachín. Aquel mulatón de ojos verdes y cara digna, que encarnaba como nadie a Antonio Maceo, jefe mambí, libertador de Cuba. Aquel actorazo, que para mi regocijo me llamaba sobrino, declamaba con toda su alma los poemas de Rafael de León ("Toíto te lo consiento menos faltarle a mi mare, que una mare no se encuentra y a ti te encontré en la calle") e Hilarión Cabrisas ("Romance de la madre que supo llorar"), con aquella voz, aquel gesto grandioso y elegante, aquellos ojos verdes encendidos —como diría otro gran actor de Snake Eyes— que arrancaban aplausos y vítores unánimes. A Valdés Sigler solo hacía sombra mi propio padre, cuando desde la otra acera —la de la mueca—, desde la comedia, hacía su monólogo de "El grito de Tarzán" para hilaridad del público. Se lo vi tantas veces hacer, y tan bien me lo aprendí, con las pausas, los tonos, todo, que treinta años más tarde nos entrevistaron a ambos en televisión española, y lo hicimos a dúo. Exacto. Todos se quedaron perplejos. Sobre todo mi padre, que no sospechaba que me lo sabía tan bien.

Tres días después de la muerte de mi padre escribí este monólogo.

El domingo murió mi padre, pero morir es fácil. Lo difícil es hacer comedia. Y mi padre, Leonel Valdés, fue un gran comediante, un cómico como se dan pocos, dotado de una desmedida gracia natural. Hay gente que hace reír, con un buen chiste, con un buen texto, con una buena situación, pero mi padre te hacía reír constantemente en la vida. Recuerdo una vez que estaban hablando entre actores y había uno, cuyo nombre me reservaré, que llevaba toda una vida actuando pero nunca había hecho gran cosa. En un momento de la conversación, este actor dijo con altanería que llevaba cuarenta años en la escena, y mi padre le respondió: "Más años lleva el mono en la selva y no es botánico".

Así era mi padre: ocurrente, dicharachero y con una inteligencia interpretativa superior. A pocos actores he disfrutado dirigiendo como a mi padre. Me divertía, me sorprendía de los recursos, de la habilidad y la sabiduría que tenía para actuar. Él fue mi primer y gran maestro. "Siempre hazlo natural", "no dejes las frases en coma alta que se nota falso", "los finales abajo", "así habla la gente en la calle, no como en el teatro, la televisión es naturalidad y no muevas las manos de esa manera y si no sabes qué hacer con ellas póntelas detrás o métetelas en el bolsillo". "No, no me gustan en el bolsillo", le decía yo. "Pues métetelas en el culo pero deja las manos tranquilas; es más, olvídate de las manos: si estás en situación, las manos van a actuar solas".

Lecciones así me daba sentado en la cama de su casa, medio encuero porque mi padre siempre estaba encuero, exhibiendo aquel barrigón que evidenciaba que jamás había pasado hambre. Encuero porque no soportaba el calor. Mi padre dormía encuero y con ventilador en Madrid en invierno, mientras su mujer —una italiana con la que se casó en España— se cubría con una frazada, tiritando de frío. La italiana fue su cuarta mujer, porque mi padre tuvo cuatro mujeres; bueno se casó cuatro veces, mujeres quién sabe, todas las que pudo. No dejó pasar ninguna oportunidad.

Recuerdo una vez que mi padre estaba actuando en el *cabaret* Pinomar de la playa de Santa María del Mar, al este de La Habana. Yo estudiaba en la universidad, pero no estudiaba nada. Me pasaba todas las noche en el *cabaret* de mi papá (así le llamábamos sus hijos: el *cabaret* de mi papá. Y de verdad que era de él porque allí hacía lo que le daba la gana). Allí celebré yo mis quince años, y recuerdo que mi padre me subió al escenario y todos me aplaudieron. Yo por esos días estaba tomando un medicamento para los nervios, porque andaba un poco alterado, y lo mezclé con el ron y agarré un pedo, una nota de tal calibre que a medio *show* subí al escenario y cargué a una bailarina que me gustaba mucho y me la llevé para mi mesa. De ese *cabaret* mi padre no se iba mientras quedara una mujer sola de buen ver, y esto de buen ver es relativo porque no se ve igual sobrio que con unos cuantos rones encima. Eso es lo que se llama amor a primer añejo, o como diría mi padre, "mijo, a partir de esta hora, de hormiga para arriba todo es cacería". En aquel *cabaret* una noche mi padre se ligó a una mujer (esta historia me la contó él). Una morena alta, bella, una de esas piezas de caza de alto rango. Una gacela tropicanera. Una de esas mulatas cubanas que paran el entendimiento. La llevó al apartamento de ella. En el camino la mulatona le contó que se estaba separando de su marido. Aún no divorciada, pero sí separada, y que el marido era un bruto, una bestia y que la trataba mal. Dice mi padre que el apartamento era fantástico, muy por encima de las posibilidades de los cubanos de los ochenta. Muy bien decorado, como se dice en Cuba, "con to' los hierros". Se acomodaron en el sofá. Ella le ofreció algo de beber. ¿Cerveza? No, ron. Siempre ron, decía mi viejo; la cerveza tumba, el ron levanta. Después del primer trago ella fue al baño. Mi padre, confianzudo que es y para ganar terreno, se tiró en la cama como si ya tomara posesión de la situación. Cuenta que, ya entrado en el éxtasis camero presexual, sintiéndose dueño de aquella guarida y de la leona, echó una mirada a su predio y vio encima de la cómoda una foto enmarcada de un hombre negro, grande, como de unos siete pies, como de unas doscientas libras y en posición de boxeador. Él reconoció de inmediato al hombre de la foto, uno de los más famosos campeones olímpicos y mundiales del boxeo cubano, cuyo nombre no diré por respeto.

—¿Y por qué tú tienes una foto de...? —le preguntó mi padre proyectando un poco la voz como solo un actor sabe hacerlo.

—Es mi marido del que me estoy divorciando —contestó ella desde el baño.

Y él, como todo buen actor capaz de improvisar con coherencia en una situación dramática, respondió en el acto:

—Ay, ay, me dejé el *carnet* de identidad en el *cabaret*, tengo que volver a buscarlo.

Y antes de que aquella mulatona saliera del baño enga-
lanada con su *déshabillé*, ya mi padre estaba en la calle. Y está
de más decir que nunca más la volvió a ver.

Otra cosa que tenía mi padre era una energía tremenda.
Mi padre hacía televisión por la mañana, radio por la tarde
y *cabaret* por la noche. Cada día se levantaba a las siete de la
mañana para llevar a la mujer al trabajo, como todo un gran
caballero, y se acostaba a las tres o a las cuatro cada noche como
todo un gran truhan. Era incansable. Mi hermano Nelson y
yo lo velábamos cada noche para irnos al *cabaret* con él. Él
nos decía "duermo una horita y nos vamos", y efectivamente,
se tiraba un rato y como nuevo otra vez. Siempre, antes de
ir al *cabaret* pasábamos por un restaurante que se llamaba
El Bello Palmar. Mi padre era amigo del *administraidor* (así
decimos en Cuba) y teníamos carta blanca. Comíamos como
animales. Imagínense, en Cuba tener un restaurante a tu
servicio. Mi padre se pedía un bistec, un pescado y un pollo,
los tres platos fuertes, y después del postre, una tortilla de
tres huevos; mi padre comía como una bestia. Las cuentas en
aquel restaurante eran kilométricas. Una tarde se aparecieron
unos investigadores de la policía en mi casa. El *administraidor*
había caído preso por malversación, y las cuentas más grandes
estaban a nombre de mi padre.

Una vez en los carnavales de Camagüey le dieron a probar
caldosa y le gustó tanto que se tomó once platos; y en los
carnavales de Matanzas, doce de arroz frito seguidos. En otra
ocasión, en los carnavales de Palma Soriano —yo viajaba la
Isla actuando con él—, compartíamos habitación y como a

las nueve de la mañana se apareció un campesino que era fan de los dos y nos traía de regalo una pierna de puerco enorme, un jamón gigante. Mi padre me despertó, cosa que me molestó porque yo siempre he sido un actor de disciplina, de dormir ocho horas para tener la voz bien. Claro, a él qué le iba a importar si tenía un vozarrón que Dios le dio que cuando hacíamos radio cada vez que él hablaba el de sonido se quitaba los audífonos como si tuvieran corriente, como si le perforara los tímpanos. Él era así, desmesurado en todo. Pues nada, que mi padre me despertó y me presentó a aquel campesino que había traído la pierna de puerco ¡a las nueve de la mañana! Yo le di las gracias cortésmente, le hice un chistecito y me volví a acostar a dormir. A eso de las doce, tres horas después, me desperté y me quedé boquiabierto: mi padre seguía en su charla con el campesino, y este lo miraba con ojos desorbitados, como quien ve algo sobrenatural; mi padre estaba quitándole los últimos pedacitos de carne al hueso. ¡Se había comido él solo en tres horas una pierna de puerco entera, varias libras de carne, como un león!

Mi padre era un feliciano. Él solo necesitaba comida y estar con gente; amaba a la gente. Conocía a alguien en la calle, lo traía a la casa y te decía: "Te presento a mi hermano". Bueno, ir con mi padre de su casa a la radio, un viaje de media hora, se convertía en dos horas porque tenía que pasar por casa de Gerardo, el tabaquero, porque él sin tabaco no podía vivir. Se fumaba hasta quince tabacos en un día. En varias ocasiones quemó el colchón. Una vez me levanté desesperado en la madrugada porque me estaba asfixiando; me metí los dedos en la nariz y salían negros. Me asusté. Creí que me estaba muriendo pero no era así. Lo que sucedía es que mi padre se había quedado dormido y se le había caído el tabaco aún encendido. Los santos cogieron candela y despedían mucho humo, sobre todo Eleguá, que es un santo que a veces está hecho a partir de un coco. Quemen un coco y verán todo el humo que suelta.

Como en La Habana no había zapatos, mi padre contrarrestaba tal escasez consiguiendo zapatos ortopédicos. Un médico ortopedista, que era su amigo, se los prescribía como si sufriera de pies planos. También contaba con la complicidad del jefe de la fábrica de zapatos ortopédicos, quien también era su amigo. Eran unos zapatos horribles cuya punta abultada parecía la nariz de un hipopótamo. Mi padre llevaba esos zapatos a un carpintero para que les pusiera una plataforma. Después, él mismo, encuero, sentado en su cama, los pintaba con pintura de auto; los pintaba de rojo, de amarillo, de azul. Después les hacía unas vetas con la llama de una vela, cuando la pintura aún estaba fresca. Eran como zapatos ahumados, y cuando se secaba la pintura se quedaba impregnado el humo. Aquellos zapatos eran una sensación. Mi hermano Nelson y yo tuvimos un par rojo cada quien, y decíamos que eran españoles. Recuerdo que una vez mi padre nos llevó a una actuación de su brigada artística. (Así le llamaban en Cuba porque los artistas en los setenta no cobraban. Cobrar por actuar para los trabajadores era un resabio del capitalismo. Bueno, en realidad cobraban en especie: comían y bebían y se llevaban todo lo que podían;

tal vez salía más caro.) Aquello fue en el pueblo de Campo Florido. Mi hermano y yo íbamos muy orondos con nuestros zapatos españoles y todas las chicas del pueblo nos miraban. Imagínense: todos los niños con zapatos negros, aburridos, o sin zapatos, y nosotros con unos zapatos rojos y con vetas y "españoles". Estábamos ahí en el parque con las chiquitas hablando; éramos todos adolescentes y aquellas guajiritas encantadas con nosotros y los guajiritos celosos. En eso empezó a llover torrencialmente; una de esas tormenta de verano. Salimos todos corriendo. A causa del agua nuestros zapatos empezaron a cuartearse y la pintura a saltar en pedazos. Uno de los guajiritos se dio cuenta y lanzó un grito de guerra: ¡zapatos pintaooos! Fue horrible; una cacería humana. Nos empezaron a caer todos atrás: ¡zapatos pintaos, zapatos pintaos! Nosotros huíamos como si fuéramos unos apestados, como si hubiéramos cometido un delito horrible, y mientras más corríamos, más pedazos de pintura se les caían a los zapatos. Horrible. Me pasé varios días soñando con los zapatos y la jauría que nos pisaba los talones.

Pero me encantaba ir por ahí con mi padre y los otros cómicos. Tengo el recuerdo más grato de aquellos tiempos. Siempre sentí que iba con un amigo porque mi padre siempre nos decía: "Yo no soy tu padre, yo soy tu amigo". Y era cierto. El mejor amigo, un amigo grande, pero tan niño como yo. Aventurero, loco, irresponsable, iluso, soñador. ¿Puede haber mejor amigo para un niño?

Mi padre dejó este mundo que tanto amó cansado de luchar contra la diabetes, que él mismo provocaba con su feliz glotonería. No le importaba demasiado. Vivió intensamente y como le dio la gana. Fue un genio. Lo adoro. Lo extraño. Ahora mismo estoy llorando. Te quiero papi, no sabía cuánto.

Mi tercer apoyo ha sido mi madre. Fue como si tomara el relevo de mi abuela. Pero eso fue después. Antes tuvo que ayudarse ella, para poder ayudarnos a todos.

☆ EL AMOR ☆

Si mi infancia fue un desastre, mi adolescencia no mejoró mucho. Ya dije que era pequeño, gordito y tímido y estaba cursando séptimo grado a los once años en un aula donde había chicos de veinte. La situación era difícil, pero yo tenía que sobrevivir. En mi clase había varios chicos que practicaban lucha grecorromana, dos de ellos pertenecían al equipo nacional. Había otros de lucha libre, judo, boxeo, y había uno que estudiaba violín. Por supuesto, le decían maricón. No todos: algunos le llamábamos el Violi. Era verdaderamente raro aquel chico, aquel mulatico claro perfectamente vestido, peinado, y con aquel ridículo estuche de violín en una escuela de guapos o malandros, como le llaman en otros lares. Mi escuela se llamaba Rafael María de Mendive, quien fuera el maestro de José Martí, pero no hacía nada de honor a ese nombre.

En mi aula además de los guapos y del Violi, había una chica. Una mulata china, que cuando salen guapas, salen muy guapas. Era la perdición de aquellos guapos. La amaban con singonas ganas. Y ella lo sabía. Y jugaba con todos. Ella realmente estaba interesada en un marinero mercante que le traía regalos de afuera. O al menos eso pensaba yo, que odiaba a aquel marinero que la venía a buscar a la puerta de la escuela, con el *espendrú*, la camisa manhattan de flores y aquel cinto metálico que parecía una serpiente. Lo odiaba porque a mí también me encantaba la china. Con esa cara de chica mala y bella, ese punto de marginalidad y peligro, que es lo más erótico del mundo, y aquel culo que era el mejor de la escuela, y para mí de La Habana.

Y lo peor —o lo mejor, nunca se sabe— es que la china me pedía que fuera a su casa a repasarle matemáticas, porque yo era bueno en ciencias pero nulo en amores. Jamás le dije a aquella mujer nada. Ella me miraba y se reía y se le hacían unos hoyitos y le resaltaban unas pequitas graciosas en los cachetes y yo me moría. Pero jamás tuve el valor. Cualquier chico menos tímido le hubiera pedido al menos un beso después de tanta matemática gratis. O si ya hubiera sido comediante le hubiera dicho, bueno, basta de matemáticas, pasemos a la biología. Pero yo iba a superar mi timidez solo años más tarde gracias, precisamente, a mi carrera de cómico.

☆ EL AMOR, ALIAS EL SEXO ☆

F ue el hecho de ser cómico el que me abrió las puertas al sexo.
Sí, porque yo era demasiado tímido para proponer algo así a una
chica. Pero descubrí que la mejor manera de llegar a la cama era
haciéndolas reír. Sobre todo si les haces reír hablando de sexo.

Yo era súper enamoradizo, pero súper tímido. Y tenía suerte para
relacionarme con chicas bellas, pero de ahí a llegar siquiera a un
beso, quedaba un mundo. Amaba en secreto y sufría. Salía con
ellas el sábado, íbamos a bailar, ensayaba mil veces lo que les iba a
decir y volvía a casa en blanco. Peleado conmigo mismo. Mierda,
no se lo dije, bueno, la semana que viene. Y así, como la canción
"Madeleine" de Jacques Brel.

La primera vez que hice el amor fue con una chica de armas
tomar. Era una asidua del *show* del *cabaret* Atlántico, donde
actuaba mi padre. A ese antro llegaba con frecuencia un coronel
de la Seguridad del Estado que siempre andaba con tres o cuatro
chicas bellas y tremendas. Ella era una de ellas. La más bella. Y la
más tremenda. Me la presentaron.

—Nena, atiende a mi sobrino —le dijo el coronel. A este le había dado porque yo era su sobrino y mi padre su hermano simplemente porque se divertía con él y se emborrachaban juntos.

—¿Qué tal, cómo te llamas? —le dije.

—Annia —me dijo ella con una cara de puta que me dio taquicardia.

Al rato estábamos bailando y dándonos unos besos asesinos que ella dominaba mejor que yo. Todo ante la mirada atenta y aprobatoria del coronel. Yo desde el primer beso ya estaba enamorado. No me importaba que fuera puta; es más, me convenía.

Esa noche de regreso a La Habana en el auto de mi padre vinieron ella y su amiga, la Mona, otra de la misma talla. Y mientras mi padre y la Mora jugaban sus puterías en el asiento de adelante, en el asiento trasero la Annia y yo hicimos el amor. Y mi padre, extrovertido como siempre, me decía: "Ahí mi hijo, ahí, ahí". Y yo, como estaba algo borracho, soportaba la colaboración de mi padre en un acto que debería ser tan privado. Fue la primera vez, pero no se lo dije. Y se me acabó rapidísimo. Y me quedé enganchado.

A partir de ese día Annia se convirtió en lo más importante para mí. Iba cada día a su casa. Dejaba las clases en la universidad, lo que fuera, por estar con ella.

Un buen día me llegó un aviso de parte del coronel: la chica era para que jugara un rato, no para que la cogiera de novia. La chica tenía un novio, un chico hijo de alguien del Gobierno, que estudiaba en la Unión Soviética y estaba por volver. Tenía que dejarla pero yo no quería: me parecía injusto y cobarde dejarla. Y yo era un hombre. Mi padre me advirtió: "Oye, déjate de comer mierda que te parten los cojones". Y así acabó aquello. Años más tarde me la encontré en un *cabaret*: se había casado con una de las estrellas más grandes del deporte olímpico. Un negro de siete pies, a quien nadie se le ocurriría insinuarle que dejara la novia. Sentí cierta envidia porque imaginé lo que estaría gozando aquel negrón. Ella me miró con gracia y picardía, y como yo, seguramente recordó el asiento trasero del carro de mi padre. De armas tomar la chica.

Después tuve amores —grandes amores, amores locos, amores furtivos, amores imposibles, amores desastrosos—, pero nunca olvidé a la primera persona con la que hice el amor. ¿Es tan importante el sexo o es un invento de la mente humana? Sobre el sexo y nuestra adicción escribí el siguiente monólogo.

EL SEXO

Buenas noches; hoy vengo a hablarles de sexo. O lo que es lo mismo, durante unos minutos practicaremos el sexo oral.

Según el padre del psicoanálisis, Sigmund Freud, todo está relacionado con el sexo, o como Shakespeare puso en boca de Hamlet: *sex* o no *sex*, esa es la cuestión.

Pero ¿por qué están los seres humanos tan obsesionados con el sexo? El acto sexual está sobrevalorado. Quitémosle al acto sexual el placer, es una abstracción difícil pero hagamos el esfuerzo, y veremos que es un acto estúpido: entrar, salir, entrar, salir, entrar, salir, entrarsalirentrarsalirentrarsalir. Pruebe a hacerlo en la puerta de su casa y verá que gasto de energía más absurdo. Lo que sucede es que produce esa cosquillita que te vuelve loco. Todo está en la cosquillita.

Con el sexo lo que hay es mucha falta de información, y de sexo, pero sobre todo de información. Por ejemplo, ¿alguien sabe dónde se puede echar un buen polvo ahora mismo y gratis? Por esa falta de información es que no encontramos, por ejemplo, el punto G. Porque en primer lugar hay que saber que no es G, de gato, sino *je*, de jejeje, el punto de la risita. Allí donde le haga cosquillas, pues ese es el punto idiota.

Lo del 69. Te dicen que se llama así porque el 6 y el 9 son dos números iguales pero invertidos, y eso simboliza la postura en que los amantes se colocan de esa manera. Muy bien, ¿y los romanos? Sí porque ellos también hacían esa postura y sesenta y nueve en romano es LXIX. ¿Me puede alguien explicar cómo se coloca uno para hacer un LXIX? Eso no lo hace ni Shakira; te dislocas el coxis.

No hay información. Ahí ves a esas señoras que les explican en un programa de la tele que antes de la penetración es bueno lubricar la vagina. ¿Y qué entienden ellas por lubricar la vagina? Embarrar de aceite de oliva los platos.

Hay quienes llegan a creer que analizar es hacer el sexo anal. Claro, como aterrizar es tomar tierra, pues analizar será tomar por... por favor.

Ahora se han inventado una patología: sexoadicto. Se supone que es aquel que se pasa todo el día en lo mismo. ¿Y eso es una enfermedad? Por favor, que levanten la mano los que quieren contraerla.

La eyaculación precoz, ¿alguien sabe lo qué es? Pero ya que no me aguanto. La eyaculación precoz, según algunos entendidos —no gays, sino estudiosos—, viene de esa costumbre de muchos hombres de hacer el amor con animales. Ya saben, sobre todo en las zonas rurales, hay quienes acostumbran a tirarse a vacas, cabras, yeguas y han desarrollado una técnica para lograr la eyaculación precoz, antes de la coz, antes de que te patee.

Mucha gente no sabe ni lo que es una erección, y esto me produce una impotencia. Ves a esos hombres que están bailando con una mujer. Ella siente algo duro y le pregunta qué pasa. Él responde que ha tenido una erección. Pues no: él ha tenido un endurecimiento, no una erección, porque el miembro sigue hacia abajo. A no ser que vaya a la disco en ropa de gimnasio que no lo recomiendo.

Y por favor, basta ya de engañar y asustar a los adolescentes. Chicos, no es cierto que cuando te masturbas te salen granos; eso es al otro día.

Además, el sexo en solitario hoy en día está altamente recomendado por los terapeutas. Es hacer el amor con la persona que más quieres: tú mismo. La masturbación es como una empresa. Una empresa perfecta. Tiene todos los indicadores de las empresas modernas: autogestión, trato personalizado, conocimiento del producto y, por supuesto, satisfacción del cliente.

La masturbación ha tenido grandes detractores a lo largo de la historia, como el Capitán Garfio y Eduardo Manos de Tijeras. Aunque también grandes defensores, como Juan de la Cosa y, más recientemente, Julio Iglesias, quien fue capaz hasta de cantarle una canción: "Manuela", seguro la recuerdan: la la la la la la la la la la manuela.

¿Y quién lo había hecho antes? Nadie. ¿Y por qué no hacerle un homenaje, a ese hecho noble, humano, desposeído de afanes de lucro. Que reconozcamos a esa, llamémosle, primera pareja que todos hemos tenido, a esa especie de personita que siempre tienes ahí, a mano, y no te exige nada a cambio de tanto placer. Ni se molesta si llegas tarde a casa o si has bebido.

¿Por qué tanto tabú? Señores, el sexo es uno de los pocos placeres que aún puede salirnos gratis.

La vida sería más llevadera si nos quitáramos los prejuicios y la ropa. O que lo hiciéramos al revés: que lleváramos todo lo demás cubierto y los genitales al aire. Porque a ver: ¿si sales alguna noche buscando sexo, ¿qué haces mirando caras?

Y habrá quien pregunte: ¿y la tercera edad, qué? ¿Qué puede hacer la gente de edad avanzada para tener una vida sexual activa y satisfactoria? Pues, pues lo siento, pero se nos ha acabado el tiempo. Tal vez en otra ocasión. Solo me queda desearles buen sexo y buenas noches, que es lo mismo.

☆ MIS LÍOS CON EL PODER ☆

Los cómicos siempre hemos trabajado con material inflamable: los tabúes. Nada hace reír más que hablar de lo que no se debe hablar. De sexo, de religión, de políticos, de racismo. Nada más cómico para la audiencia que traspasar la línea a lo políticamente incorrecto. Y esta frase me encanta: *políticamente incorrecto*, como si no hubiera algo más incorrecto que la política. Bueno sí, algo: los políticos. Y la única venganza que tenemos contra ellos es la burla, la mofa, la sátira. Y los políticos democráticos la soportan porque es parte del juego. Aunque si pudieran nos sacarían del juego. Al poder no le gusta que lo pongan en ridículo. Pero es irresistible la tentación, nos dan un material que no podemos desechar. Decía el famoso comediante norteamericano Will Rogers algo así como: "Yo no me esfuerzo para hacer reír, me limito a comentar lo que hace el gobierno".

Yo, como casi todos los cómicos, siempre he tenido problemas con el poder. Somos insolubles. En 1999 fui a un festival de payasos de un pueblo de Cataluña, cuyo nombre ahora no recuerdo. Era un pequeño pueblo de la comarca del Valles, donde el festival de payasos (o *clowns*, como dicen los que creen que la palabra *payaso* es ofensiva) era una tradición. La recepción a los cómicos la daba el alcalde del pueblo, un hombre de buen talante acostumbrado a lidiar con los locos de la comedia en esta cita. Entre nosotros iba Leo Bassi, un payaso italiano que lleva muchos años viviendo en España, donde es muy conocido. Leo es un payaso furioso, un provocador. Eso en escena; en persona es encantador y hasta tímido. Pero cuando desempeña su rol de payaso es un peligro. Y así fue. Nos dijeron que el alcalde nos esperaba en la alcaldía, pero Leo se negó a ir. Dijo que los payasos no teníamos nada que ver con el poder. La concejal de cultura se puso tensa y nerviosa porque Leo les estaba arruinando el protocolo. Finalmente, ante la mirada asustada de la chica, Leo aceptó ir. Llegó a la alcaldía, usurpó el puesto del alcalde y por supuesto toda la prensa lo registró. Esto para mí fue muy significativo.

Siempre me he peleado con los que mandan. No sé por qué, tal vez porque soy cómico, porque soy Leo; que no es que crea mucho en los horóscopos, pero el signo de Leo me queda pintado. Tal vez me viene de la infancia esa rebeldía contra el poder. No lo sé. Pero he tenido problemas con los maestros, los jefes militares, los políticos, los productores, los presidentes de los canales de televisión. Con todo el que esté por encima de mí y quiera hacerme hacer sin antes hacerme comprender. Yo funciono a base de lógica y justicia y, sobre todo, razonamiento. Me viene de tantos años estudiando ciencias. Ah, porque no sé si les dije que soy ingeniero, ingeniero termoenergético. Perdí cinco años estudiando eso porque mi padre decía que debíamos tener una carrera. Como si ser actor no fuera una carrera. Una carrera de fondo. Pero mi padre decía que había que tener algo seguro. Y yo me pasé la vida estudiando.

Y mi gran problema durante los años de enseñanza es que a los maestros, por lo general, no les gusta el humor, los cómicos. Por ejemplo, usan despectivamente la palabra *gracioso*. Y yo en la vida no puedo evitar ser gracioso. Con esta cara, con mi habitual torpeza, con esa manera en que funciona mi cerebro. Nací así. De hecho, los que tenemos un poco más desarrollado el sentido del humor, en la escuela sufrimos el hostigamiento de los maestros. Yo, durante toda mi infancia, que aún no ha concluido, me la he pasado teniendo problemas por hacer chistes y bromas. En el aula sufrí castigos. Me expulsaban de las clases, incluso de las escuelas. Solo entre tercer grado y sexto estuve en nueve escuelas. Y lo triste es que no aprendí nueve veces más que los demás. Y sobre todo no entendía por qué a mí me castigaban por hacer chistes en tanto que a mi padre, por hacer lo mismo, le pagaban. Yo la verdad no estoy muy a favor de la educación. Bueno, lo que llaman educación, que no es tal. Educación es ser instruido por alguien que no conoces acerca de cosas que no quieres conocer. Una vez mi hija me dijo al regresar de la escuela: "Papá, ya me sé los planetas del sistema solar". Yo la miré con pena y pensé: "De poco te va a servir eso en la vida. ¡¿Cómo vas a usar los planetas?!". Les educan para memorizar, no para analizar. Pero los padres no tenemos otra opción. Tenemos que llevar a los niños a la escuela porque si no, ¿dónde los dejas para ir a trabajar? Además, si no llevas a los niños a la escuela te llevan preso. Una contradicción porque, pregunto yo, ¿qué tienen que ver los policías con la escuela? Uno estudia o se hace policía. Este mundo está muy mal. Si yo me hubiera dejado guiar por los maestros, ahora sería un amargado. Siempre me decían: "¿Y usted de qué se ríe?". Como si fuera malo. ¿No dicen los psicólogos que reír es bueno? Yo me acuerdo que tenía una maestra muy negrita y con unos rasgos muy africanos que me decía: "¿De qué se ríe, acaso tengo un mono pintado en la cara?". Y yo pensaba: "No me provoque, no me provoque". Y claro, a mí que me dijera aquello me daba más risa. Ella me castigaba haciendo que escribiera mil veces: "No me debo reír en clases". ¿Qué estupidez es esa? ¿Qué manera es esa de educar a nadie? ¿De qué sirve escribir mil veces esa porquería? Coño, si fuera la ley de Newton… Fíjate qué mala será la escuela que todos los niños salen corriendo cuando suena el timbre. Es como una cárcel pero a mitad de tiempo. Y las primeras veces que dejas a los niños en la escuela, lloran. Ya después se adaptan. Incluso le toman cariño a los maestros. A este patrón de conducta se le llama síndrome de Estocolmo. Está demostrado que después de un tiempo uno llega a querer a sus torturadores. Yo me acuerdo de una vez que me fugué de la escuela. Yo me fugaba por lo menos cinco veces a la semana. Es decir, de lunes a viernes. Y me agarraron a mí y otros dos en un campo a diez kilómetros de la escuela. Nos llevaron a la escuela y nos hicieron algo que en Cuba llaman una asamblea comunista, que no es más que una reunión de todo el mundo en un teatro para joderte. Ponen la bandera, cantan el himno y todas esas cosas que lo acojonan a uno. Vaya, que tú te ves ahí en el estrado y la escuela entera cantando el himno: *Al combate corred, bayameses, que la patria os contempla orgullosa. No temáis una muerte gloriosa, que morir por la patria es vivir.* Y yo pensaba: "Me van a descuartizar como en la Edad Media".

—Alexis Valdés, ¿qué hacía usted en un monte a diez kilómetros de nuestro centro estudiantil? —me preguntó el director de la escuela.

Yo, muerto de miedo, pensé a toda velocidad una justificación que fuera creíble y, al mismo tiempo, eficaz. Y claro, hijo de actor, me salió la vena dramática y dije:

—Compañero director, estaba buscando flores de romerillo para la abuelita de Michael, que la pobrecita tiene catarro.

Primero hubo un silencio raro; después se oyó una risita por aquí, otra por allá. Al final, estalló aquella escuela en risas. Dejé al director sin argumentos, jodí la asamblea comunista y pasé de ser una escoria a ser un héroe. Evidentemente, a partir de ese momento a mí y a los otros dos, Gregorio y Michael, nos llamaron siempre Los Romerillos. Bueno, de hecho, Gregorio, que ahora vive en California y es todo un señor empresario, volvió a Cuba veinte años después y fue a la escuela —cosas del síndrome de Estocolmo: volver a un lugar donde te jodían la vida—, y dice que todavía se habla de lo del romerillo. Veinte años después, pero ya como leyenda: "En un lugar de La Habana, de cuyo nombre no quiero acordarme, había tres chicos llamados "Los Romerillos".

Qué escuelas aquellas. Estábamos becados. Nos llevaban a vivir al campo. Solo nos liberaban el sábado a las dos de la tarde y nos recogían el domingo a las cinco. Es decir, nuestros padres apenas tenían tiempo de darnos un par de palizas y, si acaso, un beso. Y teníamos que trabajar en el campo. Bueno, debíamos, pero yo nunca trabajé porque siempre estaba de certificado médico. Me metí en un hospital y me robé como veinte certificados y me hacía unos certificados yo mismo en los que se hacía constar que no podía estar expuesto ni al sol, ni al polvo, ni a la humedad. No podía hacer nada. Hacía los certificados por períodos diferentes para no despertar sospechas: por tres meses, por un mes, por cuarenta y cinco días... hasta que me descubrieron. Sucede que me hice un certificado de reposo absoluto por cincuenta días, y nunca en la historia ningún médico ha hecho un certificado por cincuenta días. Porque o son meses o semanas o años, pero no existe la manera de multiplicar los siete días de la semana de manera que dé cincuenta. Me dijeron que llamara a mi padre para expulsarme de la escuela. Cuando llegó, mi padre me regañó fuertemente, le dio unas cuantas explicaciones al director y al final se relajaron. Mi padre hasta contó un chiste, invitó al director al *cabaret* donde él trabajaba y me salvé. Recuerdo que cuando salí de la oficina del director mi padre estaba muy serio y yo mantuve la cabeza baja porque yo quería mucho a mi padre, y era tan genial conmigo que yo no soportaba incomodarle. Me parecía injusto. Mi padre era mi amigo, y aunque nunca me pegó, lo respetaba mucho. Y aquella tarde me sentí muy mal al salir de la oficina del director. Fui con él hasta el estacionamiento para despedirme. Mi padre se detuvo un momento, me miró a los ojos y yo pensé que llegaba el momento duro. Se me aguaron los ojos. Mi padre se dio cuenta y me dijo: "Oye, ¿tú te creíste todo eso que yo dije ahí adentro? Ay, chico, cágate en su madre, si yo era peor que tú". Que generoso fue. Así debe ser un padre.

Pero ni mi padre ni nadie pudo evitar que yo siguiera teniendo problemas con la autoridad. Es parte de mi sino. Por eso cuando veo a la policía me alejo de inmediato para no tener problemas. No es que le tenga miedo; a lo que temo es a lo que pueda resultar de un encuentro entre la policía y yo.

En España, un tropiezo con un policía me llevó al calabozo. Una de las experiencias más desasosegantes de mi vida. Sucedió en 1996, cuando vivía yo en Casteldefels, Barcelona. Yo había llevado a mi padre a España dos años antes, rescatándolo de lo que en Cuba se llamó período especial, un período de escasez y racionamiento que ya rozaba la miseria. Él se había empatado, ligado, enamorado, con la italiana. Después se casó con ella, en su cuarto matrimonio, y por un tiempo fueron muy felices.

Pero en 1996 recién empezaban su noviazgo; mi padre tenía sesenta años de edad y ella decía que sesenta y tres. Ya saben, las mujeres casi nunca dicen su edad. Ella era una mujer noble, buena, una *mamma* italiana. Lo suyo era cocinar, amar a sus hijos, atender a la gente, y ver los programas de televisión de la RAI. Llevaba cuarenta años viviendo en Barcelona, y aún tenía un fuerte acento italiano, más que eso, muchas palabras las decía en italiano. Y tenía un hotel, el Riviera.

Mi padre, que siempre fue un novelero, me llamó un día para informarme de su nueva conquista: "Mijo, ven pa' ca que tengo una novia que tiene un hotel y está loca por conocerte". No me sorprendió nada, conociendo a mi padre. De hecho, era su segunda novia en Barcelona; la primera se la había ligado en una apuesta con mi hermano, dejando cada mañana una rosa en el parabrisas de su auto. Mi padre era un campeón.

Y allá me fui yo a Barcelona. Llevaba ya varios años viviendo en España, pero ya estaba en plan de regresar a Cuba. En Cuba yo era un comediante y actor muy querido, con muchas fuentes de trabajo, pero en España no había logrado mucho en cuatro años. Mi padre lo cambió todo con aquella llamada.

Llegué al hotel, que —para hacer más rocambolesca esta historia— lo estaban vendiendo. Los compradores eran nada menos que a unos empresarios del mundo del putisferio. Unos tipejos de armas tomar, que se dedicaban a montar bares de putas por la geografía española y decidieron que aquel hotel era un enclave perfecto para montar lo que hoy es tal vez el más exitoso puticlub de toda Barcelona. Y ahí viví yo, y con las putas.

Porque la novia de mi padre siempre había vivido allí en el hotel, con su ex, el señor Guidarini y sus hijos Máximo y Mauriccio. Y ahora mi padre también vivía allí. Era el nuevo señor. Y mientras el hotel se vendía, en aquel traspaso, los puteros trajeron a las putas porque así no tenían que pagar alquiler, y podían trabajar en un puticlub que quedaba cerca.

En esas circunstancias llegué yo al hotel Riviera. Primero me pareció muy excitante: ¡*wow*, vivir con putas! Después me pareció aburrido: las putas nunca estaban; dormían de día y se iban a trabajar de noche. Era mas bien patético aquello. Y aunque les parezca raro, jamás me acosté con ninguna. En primera porque era un mundo que me asustaba. En Cuba no había putas cuando yo me fui. Habían jineteras, y no muchas. Pero putas así, con el neceser y las botas altas, no. Putas oficiales, que te cuentan todo lo que hacen y después se emborrachan y lloran por su hijo que está lejos o te cuentan de su familia que vive en la otra punta de España y creen que es bailarina. De esas yo no había conocido. Era demasiado para mí. Y la que más me asustaba era una dominicana, que aun embarazada seguía trabajando, y lo más fuerte de su historia era que se decía que estaba embarazada del dueño. El señor Anselmo, uno de los tipos de rostro más siniestro que he visto en mi vida. Se decía que era un exoficial de la guardia civil. Toma.

Por lo demás, fui muy feliz aquellos días en Barcelona. Días que se volvieron meses. Comiendo pasta, unos espaguetis a la carbonara o a la putanesca, o al *aglio olio peperoncino* o al pesto, o al pesto *genovese*. Una lasaña toda hecha en casa, desde la pasta. Descubrí ese manjar que es el queso parmesano. Me lo comía a pedazos porque Wanda, que así se llamaba la italiana, aseguraba que un gramo de parmesano tiene más proteínas que un bistec. Una de las frases que con más agrado recuerdo es "vamos, vamos que se pasa la pasta". Que festín gastronómico aquel hotel.

Y lo mejor de todo: me salió trabajo. ¡Y qué trabajo! Todo gracias a la información que me proporcionó una actriz cubana que vivía en Barcelona.

—¿No vas a *Marató de l'Espectacle*? —me preguntó mi amiga la actriz.

—¿Qué es eso? —dije yo.

—Allí puedes presentar un fragmento de no más de diez minutos de tu espectáculo y lo ven todos los programadores de Cataluña.

Logré inscribirme en las últimas y me presenté.

La *Marató de l'Espectacle* (Maratón del Espectáculo en catalán) se hacía en el Mercat de les Flors (Mercado de las flores), un espacio escénico típico de Barcelona, de ese mundo teatral tan diverso que tiene la Ciudad Condal. Aquello estaba abarrotado de gente. Unas dos mil personas en una especie de taller de teatro: cuatro paredes, un techo alto y un lunetario grande en pendiente.

Salí a escena e hice mis diez minutos. Un par de monólogos cortos. La gente comenzó a patear en el suelo. Me dije: "¡La cagué!". Salí de escena. Tras bastidores todos me felicitaban. Me explicaron que el pateo es la demostración más efusiva del público —más que el aplauso—, que les había gustado mucho. En eso se me acercó un chico rubio, con apariencia de gay.

—¿Quieres trabajar con Flotats? —me preguntó.

—¿Quién es Flotats? —dije yo.

—¿Tú no sabes quién es Flotats? Flotats es el gran director del teatro catalán.

Era una estrella, un divo. Había regresado de París, donde también era una gran estrella. En ese momento estaba creando el Teatro Nacional de Cataluña.

—Está buscando a alguien como tú. Llama a este número —ese chico se llamaba Marc Monserrat. Monserrat como la Virgen negra de Barcelona, y a mí se me apareció la virgen a través de él.

Fui a un *casting* en el teatro nacional. Buscaban a un negro que hablara catalán. Yo ni era muy negro, ni hablaba catalán. Me hicieron el *casting* en español. Ahí estaba Josep Maria Flotats, el hombre grande del teatro catalán. Más de un metro noventa de estatura. El pelo perfectamente cortado. Un suéter con cuello de tortuga para proteger la voz. Una voz bella, muy timbrada. Un hablar despacio, dulce. Un rostro de teatro. Rasgos grandes. Gran sonrisa. Estudiados ademanes. Un maestro. Prometieron llamarme. Y me llamaron. Me llamó el mismo Josep Maria Flotats.

—¿Puedes dedicar el verano a estudiar catalán? —me preguntó.

Y ahí estaba yo estrenando *Angels in America* de Tony Kushner, en un montaje extraordinario en el que se habían gastado una pasta en la reproducción en piedra del cementerio judío de Praga. No en cartón, en piedra. Estoy estrenando el Teatro Nacional de Cataluña, soy parte del primer elenco, con algunos de los mejores actores de esta gran ciudad. Dirigido por el divo del teatro, y además, a la gente le gustaba mucho mi trabajo. Cuando un joven actor me preguntó si había estudiado en el Actors Studio, yo, de idiota, le contesté: "No, en Cuba". Un poco de glamour *s'il vous plait*.

No necesito decir que mi vida cambió. Estaba en el mejor lugar y en el mejor momento. Haciendo teatro con la mejor compañía. Teatro público, bien pagado. Con unas condiciones que no he visto jamás. Hasta diván había en los camerinos. *Flotats style*.

Y ustedes se estarán preguntando: ¿y el lío con la policía? Aquí viene. Empezaban mis mejores días en tierras hispanas. La gente me veía triunfar en el teatro. Yo hacía, como se dice en teatro, el papel bombón. Yo hacía un gay muy divertido, pero también muy fuerte. Decía cosas graciosas pero llenas de significado. Hacíamos una escena en la que el público lloraba. Pasábamos de la risa al llanto, y eso es bello.

Corrió la voz y me empezaron a llamar para hacer televisión y cine (¡amo el cine!). Y la pasta en la casa. Estaba en la gloria. Nos fuimos de gira por Cataluña. Fuimos a Madrid. Nos vino a ver Almodóvar. ¿Qué más?

Por esos días me llamaron de una salita de teatro de Estepona, Málaga, para hacer mi espectáculo en un fin de semana donde casualmente no tenía teatro. Un amigo que operaba una agencia de viajes me consiguió un boleto barato en un avión que iba de Milán a Málaga, con escala en Barcelona. Por ser lo que llaman un vuelo de continuación, el boleto era muy económico.

Solo había un problema que yo desconocía. Como era un vuelo internacional, tenía que pasar por aduanas. Aquí se jodió la historia. Mis documentos no me permitían salir del territorio español y volver a entrar. Y aunque geográficamente hablando no había salido del territorio español, el policía que me tocó en la aduana —un cabrón que tal vez estaba amargado por tener que trabajar un sábado— decidió que yo estaba entrando ilegalmente al país y me metió en el calabozo.

Si nunca han estado en un calabozo no pueden entender lo que se siente. La pérdida de la libertad es una sensación indescriptible. "Quítese los cordones y el cinto", y me pusieron las esposas. A uno se le viene el mundo abajo. Ni siquiera me dejaron hacer esa llamada telefónica a la que supuestamente tiene uno derecho. Nada.

Me esposaron a otro detenido al que ni conocía y escuché decir que se llamaba Stanislav y era esloveno, me hicieron atravesar el aeropuerto de Málaga, muriéndome de vergüenza, hasta llevarme a un furgón de la policía, de esos en que uno va sentado atrás en total oscuridad. Sentir que el furgón arranca y se desplaza por aquí, por allá, gira, sube, baja, y no sabes a dónde te llevan. Es el terror.

Llegamos a un lugar. Nos dicen que nos bajemos. Es un subsuelo, según deduje por la oscuridad, la humedad, el frío. Otros policías nos recibieron y nos pidieron nuestros datos. Primero le tocó el turno a mi compañero.

—¿Nombre?

—Stanislav.

—¿Cómo?

—Stanislav.

—¿País?

—Eslovenia.

—¿Cómo?

—Eslovenia.

—Ponle cualquier país si este no es más que un *hippie* —dijo el policía que presenciaba el interrogatorio. "Dios mío, dónde he caído", pensé.

En las horas que pasé en ese calabozo pasé más miedo que en la guerra. Stanislav me dijo que nos llevaban al Centro de Indocumentados de Capuchinos, un lugar que después tuvo que ser cerrado por las demandas de los grupos de defensa de los inmigrantes. Los detenidos permanecían allí cuarenta días y después los deportaban. Aquella idea me aterraba. ¿Cuarenta días preso sin haber hecho nada? Yo no sabía cómo avisaría a mi padre. Los del espectáculo habrían llamado y estarían todos locos. Pero no me dejaban llamar.

Insistí en que quería hablar con un jefe. Se burlaron de mí, me humillaron, pero al fin lo logré. El jefe comprobó que era un error. El mismo policía que me llevó al calabozo, que me empujó, al darse cuenta de que la había cagado y que podría denunciarle, vino a hablarme.

—Cubano, tú sabes cómo son estas cosas, se cometen errores. ¿Tienes donde ir, quieres que te lleve?

—No gracias, gracias.

—Me dijeron que eres artista; sabes, yo iba pa' poeta —me dio repulsión aquel tipo. Vaya mierda que se vuelven los brabucones cuando pierden el apoyo del poder.

Salí de allí huyendo y con la decisión de irme de España. A los tres días ya se me había pasado el encabronamiento y lo contaba como una anécdota graciosa. "Eslovenia". "¿Cómo?". "Eslovenia". "Ponle cualquier país si este no es más que un *hippie*...". "Yo iba pa' poeta".

Mi venganza fue el siguiente monólogo.

LA POLICÍA

Buenas noches. Hoy quisiera reflexionar sobre un miedo muy común de nuestra sociedad y que no tiene ninguna base objetiva. El miedo a la policía. Señores, un policía es un ser humano como otro cualquiera. Bueno, un ser humano como otro cualquiera que también sea policía.

Hay mucha gente, por ejemplo, que se asusta cuando ve un coche de policía. Y es absurdo, porque un coche de policía no representa peligro alguno. Me refiero al coche solo. Ahora, si hay gente dentro…

Los polis no son más que gente a la que pagamos, que están a nuestro servicio. Como cuando tienes a una empleada en casa. Pues igual, la policía es también un servicio doméstico, con la única diferencia que aquí el domesticado eres tú. Tienes que hacer lo que te digan. "Deténgase, muévase, circule, no puede pasar". "Es que vivo aquí". "Lo siento, son órdenes de arriba". "¿De arriba de dónde si en el ático el que vive soy yo?".

Y no le preguntes nada más porque no sabe o no se acuerda. Son muy olvidadizos y por eso se están llevando siempre la mano a la sien. La única frase que se saben de memoria es "buenos días", y acto seguido, como si fuera parte del mismo saludo, "¿su documentación?".

Tú le das el ID o DNI, lo mira un rato, y él se lo pasa al otro, que uno se pregunta ¿será tan difícil de comprender mi DNI?

No, es que el otro es el que sabe leer. Por eso ves que siempre van dos, el que sabe leer (y en algunos casos incluso escribir) y otro es el que le cuida, porque un efectivo con esas dotes vale mucho... Nunca van solos, de hecho eso se evidencia en la etimología de la palabra *policía: poli-* = muchos, *-cía* = compañía. Policía = muchos y en compañía.

Pero, eh alto (no se asusten, no les voy a pedir la documentación), quiero decir, eh alto, que los policías son necesarios. El poli por ejemplo sirve para controlar el tráfico. Yo vivo en una zona donde hay mucho tráfico, sobre todo de estupefacientes. Hace falta un poli que lo controle, que diga con energía: "¡Eh, usted, alto; usted, alto; usted, alto". Porque ellos le dicen alto hasta a Nelson Ned.

Pero es que según me han explicado, a los policías en esas locas academias donde les entrenan les dan una versión resumida del diccionario, que es de una página, del cual se han eliminado muchos vocablos que no les sirven, como *gracias, sonrisa, humor*. Por eso repiten tanto las mismas palabras: "¡Alto, las manos en alto!". ¡Por Dios, un esfuerzo de comunicación! ¿No resultaría más claro que nos dijeran: "¡Alto, las manos hacia arriba!"? Los sinónimos también existen.

Mira, es cierto. En eso son peligrosos los policías: usando el lenguaje. ¿Qué es eso de "¡Queda detenido! ¡Acompáñeme!". Pero aclárate, ¿quieres que esté detenido o en movimiento? Te vuelven loco: te dicen que estás detenido mientras te llevan en un coche a toda velocidad. ¿De qué me quieren convencer, de que yo estoy quieto y son los edificios los que van a esa velocidad?

Y las conversaciones tan raras que tienen por la radio: "¿Me recibes?". Coño, si te pudiera recibir no te llamaba por la radio. "Hola, soy Manolo, ¿cambio?". No, no cambies, me gustas así. Además, ¿para qué siguen usando ese aparato que se escucha fatal? ¡Si hoy cualquiera tiene un teléfono móvil!

Otra cosa que usan de una manera rara son las sirenas. Supongamos que están robando en un banco y un empleado, arriesgando su vida, avisa a la policía para que les pillen con las manos en la masa. ¿Y qué hacen los policías? Pues en lugar de venir sigilosamente, sin hacer ruido, sigilosamente, ¡no! Enchufan la sirena AAAAHHHH. Además, desde diez calles antes, como avisándole a los ladrones, "¡Huyan, huyan que si cuando lleguemos están todavía ahí, no nos va a quedar más remedio que detenerlos!". Y además si es de noche, despiertan a toda la vecindad. Entiendo que para ellos sea muy divertido jugar a los policías, pero hay gente que al día siguiente TRABAJA.

Pero fuera de crear desorden público y afectar la estabilidad psíquica de la comunidad, no representan peligro alguno. Hay quien se alarma de que gente con esos problemas de conducta lleve pistola. No teman, que no piensan usarlas. ¿Que por qué llevan pistola? Es tan solo de contrapeso de la macana. No, en serio, es que pasan muchas horas con el uniforme, y si no está bien equilibrado, con los años se irían inclinando hasta desarrollar una enfermedad profesional, que les impediría dirigir el tráfico. Se quedarían con el cuerpo doblado a noventa grados: todos pensarían que indica un giro obligatorio.

Pero por lo demás, ¿qué por qué tiene mala cara? Es que no nos ponemos a pensar que el trabajo de los polis es muy duro. Mira con quién tienen que tratar: con otros polis. O, por ejemplo, los de la brigada antidroga que tienen que estar cada día probando y probando la droga. Fuma aquí, huela allá. Cuando te jubilas tienes una adicción, y sin suministro. ¿Y los que controlan la prostitución, que muchas veces se tienen que acostar con las chicas para poder agarrar al chulo?

Eso sin contar que están obligados a velar por nuestros intereses. Yo tengo una cuenta de ahorros en un banco que me da un uno por ciento gracias a que al frente está la comisaría de policía, y todo el día hay un poli afuera con un arma amenazando al director de la sucursal bancaria.

Y eso sí que es peligroso: pasarte todo el día con un arma. Capaz que se te dispare y venga el típico gracioso a chocar con la bala con el fin de ensuciarte la hoja de servicios. ¿Y si se muere? ¿Y si no puedes ejercer más? ¿Eh? ¿De qué te han servido tantos años de estudio? ¿Y si te sacan del cuerpo? ¿Sabes lo que es vivir fuera del cuerpo? ¿Como un fantasma? Muy duro ser poli, ¿eh? Y nadie te lo reconoce.

Porque como hay maestros buenos y malos, y médicos buenos y malos, hay polis buenos y malos. ¿Cuáles son los polis buenos? Los *poli*deportivos, los *poli*técnicos, los *poli*clínicos y los *poli*nesios. Buenas noches.

Este monólogo se transmitió en el *Club de la Comedia*, un popular programa de la televisión en España. Pocos días después de la emisión tuve la oportunidad de comprobar que el monólogo había gustado. Salí a comer un rico arroz con bogavante a la playa de la Malvarrosa en Valencia. Era uno de esos días perfectos, con esa luz que me recuerda los mejores días de mi infancia. Detrás de mí había una mesa con seis hombres fornidos y bullangueros. Un camarero me trajo una nota: "Se la envían de aquella mesa", y señaló hacia el grupo de hombres. Me quedé frío porque la nota decía: "Somos policías y sí sabemos leer y escribir". Yo directamente me cagué. Pero la nota continuaba y seguí leyendo: "El que no sabe es el jefe, ja ja ja". Los miré y estaban partidos de la risa. Unos policías que se habían tomado mi monólogo con sentido del humor. ¡*Wow*, me quito el sombrero! Así deberíamos hacer siempre. Humor con humor se paga.

☆☆☆

En España viví años gloriosos. Como dije, haciendo teatro a altísimo nivel. Después de *Angels in America* dirigido por Flotats, hice *Guys and Dolls*, dirigido por otro gran director, Mario Gas. Me había convertido de la noche a la mañana en un actor de éxito en el teatro catalán.

☆ UN ACTOR DE ÉXITO ☆

Después de trabajar en dos montajes del Teatro Nacional de Cataluña, en 1998 entré a formar parte del elenco de *La Tempestad* de Shakespeare. O digamos mejor de *La Tempesta* (en catalán), dirigida por uno de los más destacados directores de teatro en España, Calixto Bieito. Vaya, como que estaba de moda el cubanito. En ese montaje coincidí con quien es hoy uno de los mejores actores del cine y la escena española, Eduard Fernández. Y allí ocurrió algo insólito. Creo que jamás ha ocurrido en el teatro contemporáneo, al menos que yo tenga noticia.

Llevaba yo unas veinte o treinta representaciones de *La Tempestad* —en Barcelona, Madrid, el Festival de Teatro Clásico de Almagro— cuando me llamaron para hacer una película francesa. Más bien una serie de dos películas de una hora para la televisión francesa, basadas en un libro de éxito titulado *Villa Vainille*. El director era Jean Sagols, con el que ya había trabajado en 1995 en la serie *Azul índigo* (*Blue Indigo* en francés).

Yo había tenido una gran relación de trabajo con este director francés. En 1995 me encontraba en La Habana, un poco cansado de estar en España y que no ocurriera nada significativo con mi carrera. Me había pasado ya cuatro años dando vueltas por España, buscando una oportunidad de oro y no había pasado nada. Y regresé a La Habana, donde el público siempre me recibía como si nunca me hubiera ido.

En La Habana me dieron un *show* en la televisión que se llamó *Acabaret*, que no fue gran cosa pero donde conocí al actor José Téllez, que después sería el enano de *Un rey en La Habana* y se robó el *show*. Un enano que engrandeció la película. También hacía mis presentaciones de *stand up* con mucho éxito. Yo traía ventaja: tenía lo que ya conocía del humor de la Isla, y todo lo que había aprendido por el mundo. Me iba muy bien. Y me busqué una novia que era genial, Betty. Y me entero por Libia Batista, directora de *casting* de Cuba, que después acabaría siendo mi hermana, que unos franceses estaban haciendo *casting* para una superproducción que iban a hacer en toda Cuba, *Tierra índigo* se llamaba entonces.

En el *casting* me encontré a Luis Alberto García, tal vez el mejor o al menos el más prestigioso de los actores de mi generación en Cuba. A Luis siempre lo admiré, incluso más cuando un día recién estrenado mi personaje de Bandurria me lo topé en la calle y me dijo: "Eso que has hecho es genial; yo no lo puedo hacer". Que me lo dijera alguien como él, que era el mejor, me hizo apreciarlo mucho. Él hacía *casting* para el mismo rol que yo, Diego. Después de su prueba me dijo: "No te deseo suerte porque tu suerte es mi desgracia". Y así pasó. Se cumplió la superstición del teatro que si no deseas suerte, das suerte.

Esta serie, *Tierra índigo*, fue un lujazo. Yo era el único protagonista cubano. Había franceses, muy ilustres actores, como Francis Huster, la gran estrella del teatro francés del momento; Mireille Darc, la actriz de *Un rubio alto con un zapato negro* de Pierre Richard, un clásico de la comedia y muchos más. Y yo era el nativo. Ja, ja. Recuerdo que íbamos en un lujoso bus de turismo, todos aquellos franceses y yo, rumbo a Trinidad, uno de los pueblos más bellos de Cuba. Paramos por el camino a tomar algo, y a una de aquellas francesas, que iban con pamela y todo, le picó un mosquito. De inmediato se armó un revuelo: aquella estrella había sido probablemente inoculada de un mal terrible por aquel insecto de selva tropical. Trajeron el botiquín, la curaron. Yo miraba aquello y pensé: "Mira que comemierda esta gente", y lo peor es que como yo era el último peón del circo, no me hacían mucho caso.

En fin, llegamos a Trinidad. Nos alojamos en el hotel. Yo fui un momento a tomar algo refrescante al bar y rápidamente vino gente a saludarme y que se querían hacer una foto. Y se me ocurrió una de las mejores ideas de mi vida. Les dije: "Bien, me haré todas las fotos que quieran, pero no ahora. A la noche. Y necesito su colaboración. Cuando bajemos a cenar, yo estaré aquí con un montón de franceses. Vengan a mí como locos a pedir fotos y autógrafos —por favor actúen con naturalidad— y los complaceré a todos".

Es cierto que todos llevamos un actor dentro. Solo tienen que ofrecernos el papel adecuado. Qué bien lo hicieron. Estábamos todos en una gran mesa. Los franceses, *bien sûs*, pidieron langosta, que en París es muy cara. Yo estaba casi en un extremo de la mesa, haciéndome el idiota y de pronto vino una avalancha, una turba, un motín. Se quedaron pasmados, no entendían nada hasta que vieron que todos venían hacia mí. Con plumas y papel, con cámaras fotográficas, mierda, como si Michael Jackson estuviera en Cuba. Yo que soy actor, y a veces muy bueno, como aquella noche, fingí una natural sorpresa, como si estuviera un poco atemorizado: "¡Oh cuántos, que embarazosa situación!". Y me puse a firmar autógrafos, a hacer fotos. Tendrían que haber visto la cara de aquellos franceses. Era de ¡*Merde*, este es más famoso que yo! Ni qué decir de cómo me trataron a partir de entonces. Hasta el presidente de la televisión francesa vino a conocerme.

Recuerdo que en la presentación de la serie a la prensa en Cuba, en el Hotel Riviera, y en presencia del presidente del Instituto de Cine de Cuba, Alfredo Guevara, un hombre con mucho poder en la cultura de la isla, yo que siempre he sido un atrevido dije: "Me gustaría que se le informara aquí a la prensa cuánto dinero estoy donando a la economía nacional". Esto era una ironía. A los actores cubanos se nos pagaba unos pesos, mientras que a las producciones extranjeras se les cobraba por nosotros una buena suma de dólares. Alfredo Guevara, me devolvió el golpe: "Hay preguntas tan indiscretas que no merecen respuesta". Yo contesté con otra ironía: "Yo lo digo porque siempre se dice en los medios lo que aportan los cortadores de caña, y yo con esta película aporto (me quitan) mucho más que a un machetero millonario". Eso a la oficialidad no le gustó.

Rodamos en los lugares más bellos de la Isla, con mucho dinero, talento y ganas, y la serie fue un gran éxito en Francia. De hecho, me invitaron a París y me hicieron un *tour* de entrevistas. Yo era la estrella "tropical" de *Tierra índigo*.

Fue tal el éxito de la serie que en 2012, cuando fui como turista a París, encontré que en la más famosa de las tiendas, la FNAC, aún se vende el cofre con los seis capítulos de la serie. Más aún: al caminar por Montparnasse con mi actual pareja pasé frente a un teatro y había un gran cartel con la foto de Francis Huster. Hacían el *Diario de Anna Frank*. Le esperé a la salida, firmaba autógrafos como una gran estrella. Lo llamé por su nombre. Se volvió y se quedó mudo por la sorpresa: habían transcurrido diecisiete años. El cubanito estaba otra vez en París y, esta vez, se había pagado su pasaje en dólares.

Pero volvamos a 1998 y a mi actuación en *La Tempestad*, de Shakespeare, en catalán. Ah sí, porque yo seguí actuando en una mezcla de catalán y castellano porque el teatro público en Barcelona tenía que ser en catalán. Como dije, una vez más el director de *Tierra índigo* me llamó desde París.

—Hay un papel bueno para ti —me dijo.

—Okay, pero cobro en dólares, yo ya soy español —le dije.

Le comuniqué a mi director de la obra teatral que me iba a hacer esta película y puso el grito en el cielo: "¡¿Dónde encuentro yo un actor que me haga lo que haces tú?!". Y era verdad; él había adaptado el Stefano de *La Tempestad* para mí, con mi acento, con mis cosas de cómico cubano. ¿Dónde? Entonces tuve otra idea brillante que no creo que haya ocurrido antes en el teatro, al menos en España. Le dije: "Yo tengo un actor, que se parece a mí, que actúa parecido a mí, que te lo puede hacer igual o mejor que yo porque además es más experimentado". Y él me escuchó con escepticismo. Al otro día le traje a mi padre. Después él lo contaba como chiste: "El muy cara dura me trajo al padre". Pero lo cierto es que mi padre hizo una copia exacta de lo que hacía yo. Incluso, el director lo usó en su siguiente obra, una ópera. Increíble.

La serie francesa *Villa Vainille* fue un desastre. Como si estuviera maldita. Casi muere el director de arte de una fístula anal que se le infectó bañándose en un río en Baracoa. El avión que debía llevarlo a París era el mismo que estaban usando para rodar. La fiebre subía y el rodaje no acababa. Una parte del equipo lo tomó como un acto inhumano del director y productor y se pelearon con él para siempre. Aquello terminó en los tribunales de París. La serie se detuvo. La retomamos un tiempo más tarde en Martinica, pero sin fe. Pero algo siempre te llevas. Yo me llevo el haber actuado con uno de los más grandes actores de Francia, Richard Boehringer. Ah, y unos cuantos dólares. Porque esta vez cobré como extranjero, en suelo cubano.

Esto es una de las cosas que empezó a deteriorar la ilusión de la gente en Cuba. El ver cómo un extranjero, por el solo hecho de no ser cubano, fuera del país que fuera, era tratado mejor que él. En Cuba se cuenta un chiste hace años ya que dice que a los recién nacidos ya no le dan la nalgada para que lloren, ahora el médico se les acerca al oído y les dice: "naciste en Cuba". Los bebés rompen a llorar de una manera que hay que darles otras nalgada para que se calmen. Es un chiste terrible. En general, no me gustan los chistes que degradan. Aunque es cierto que nos gusta reírnos de nuestras miserias y problemas. Porque al reírte ya no lo son tanto. O al menos les pierdes el miedo. Los cubanos siempre estamos jugando a eso: "¿Te acuerdas cuando en Cuba nos limpiábamos con papel periódico? Por eso somos una potencia en educación, porque allí hasta el culo aprendió a leer". Con ese juego de cómo vivimos aquí y como vivíamos allá, escribí el siguiente monólogo.

EN CUBA ESTÁBAMOS PEOR

Hoy fui a almorzar a un restaurante italiano. Me sirvieron la pasta, me echaron el queso y me pregunta el camarero "¿más queso?" y yo "sí, sí, claro", porque los cubanos de mi generación tenemos un trauma con la escasez. Siempre pensamos que las cosas se van a acabar. Siempre preguntamos: "¿Me puedes echar un poquito más?". Es algo ya psicológico. Yo en los restaurantes italianos digo: "¿Me pone un poco más de queso parmesano?". Y viene el camarero con el rallador y empieza a rallar y a caer queso rallado y yo lo dejo que ralle y ralle hasta que él decida parar porque es demasiado o porque ya le duele la muñeca. Pero yo no paro jamás. Y cuando el camarero me dijo eso de "más queso", me puse a pensar en que esto es imposible en Cuba.

¿Un camarero preguntarle al cliente, "más queso"? ¡Jamás! En Cuba es totalmente al revés. Allá nunca el camarero te pregunta "¿quiere más queso?". Allá eres tú el que dices: "Oye, coño, un poco más de queso". Entonces el camarero te dice: "Tienes que pagar queso extra". ¿Qué es eso? ¿Queso extra? Y tú preguntas por qué. Y te dicen que es la norma. Y tú respondes: "Dile a Norma que venga aquí, que quiero hablar con ella". Allá todo es por la norma. Hasta lo que se roban. La norma es una medida, una cifra secreta que solo ellos saben. Que es una cantidad de gramos del producto que permite dejar un remanente, que es el que ellos se llevan para su casa con todo derecho porque si el Estado te roba es tu deber robarle al Estado. Y hay que ver los cocineros

de Cuba. Esa gente aquí podrían ser cirujanos estéticos. Cogen una pierna de jamón y cortan las lascas tan finitas que parecen de cristal. Es cirugía lo que hacen. Por ejemplo las ensaladas, aquí te sirven la ensalada o incluso te dejan que te la sirvas tú a tu antojo, que eso en Cuba es imposible porque el primero que pasa se lleva toda la yerba en una bolsa como si fuera para un caballo. Después, aquí tienes el aderezo, el aceite, el vinagre que tú lo pones a tu gusto. A mí, por ejemplo, me gusta con mucho aceite porque es algo a lo que me acostumbré en España. Muchacho, ¿en Cuba? Jamás puedes hacer eso. Recuerdo una vez en una mesa bufé en el hotel Comodoro. Estaba aliñando la ensalada y empecé a echar aceite generosamente, y me vino un tipo para arriba como si estuviera haciendo un atentado: "Eh, eh, eh, papá, afloja la mano con el aceite que no es pa' bañarse". Qué falta de respeto, me indigné y le dije: "Oye, qué manera más fea de tratar a los clientes". Y el individuo respondió: "Ay, no te hagas que tú eres cubano". Como si ser cubano fuera un defecto o una lacra. Sí, porque eso dolorosamente se ha puesto de moda allí. Te dicen: "Oye, despierta que naciste en Cuba", como si fuera una mala noticia. Bueno, ya les conté el chiste de los recién nacidos. Y como le digas a la camarera que algo no te gusta o no está bien, te da un discurso, una lata: "Oye, niño, conmigo no, que bastantes problemas tengo, que tengo que venir en bicicleta con estas varices que tengo a punto de reventarse —y tú, a medio comer, tienes que mirarle las varices comatosas— y subir la loma del burro para después pasarme la noche sin dormir porque mi abuela tiene vómitos y diarrea y en este país no hay un pomo de Peptobismol" —y tú, que te estás saboreando aquel potaje de judías tienes que visualizar a la abuela vomitando y haciendo caca porque además la pobre está angustiada y la coge contigo porque cometiste el error de nacer en Cuba—. Bueno, y lo de las medicinas en Cuba de verdad que es surrealista. Allá no es como aquí que vas a la farmacia a buscar una medicina porque tienes alguna enfermedad. No, allá la gente va a la farmacia y pregunta qué hay y lo que hay lo compra por si se enferma de eso algún día. Es decir, compran medicinas para enfermedades futuras. Y hay gente que ya está tan loca con ese nivel de locura que te dice: "Me hace falta que me dé un dolor de cabeza antes que se me caduquen las aspirinas". Y compran la anestesia de los dentistas en el mercado negro, ¿saben para qué? Para durar más en el acto sexual. Sí, se lo aplican ahí y dale, como dice Pitbull. Y el Parkisonil que es para la gente que tiene el mal de Parkinson. Se lo toman con ron para coger nota. No, imagínate cómo se ponen. Meten uno bailes. Y el laxante se lo echan en el pelo porque da brillo. Imagínate un laxante en el pelo. Después se cagan por la cabeza. O el gel del ultrasonido como gomina. O clara de huevo, y después tienes el pelo muy bonito pero la cabeza llena de moscas. Y después nos quejamos, claro de otras cosas, que se te rompió el motor de la piscina ¿cuándo tuvimos piscina? Si no teníamos ni agua. Alguien que lleva seis meses en Estados Unidos y ya no soporta dormir sin aire acondicionado, y en Cuba tenía un ventilador de motor de lavadora. De esos que hacían con las aspas de metal con filo y sin protección, y que como no están equilibrados con la vibración que produce el motor de lavadora, esos ventiladores asesinos se mueven y se desplazan por la casa por la noche y van mutilando a toda la familia. Vaya, que *Martes 13* es una película cómica si la comparamos con aquellos ventiladores de mi infancia. Cuánta gente perdió un dedo, una mano. Cuántos hombres fueron a orinar en la noche —y ya saben cómo somos los hombres, que cuando estamos desesperados vamos desenvainando el arma en el camino— y pasaron delante del ventilador y hoy no lo cuentan con la gracia que lo cuento yo.

☆☆☆

El humor es un bálsamo de la existencia. Como la música. En los peores momentos de la vida el humor nos ayuda. Los grandes dramaturgos —Shakespeare a la cabeza— ponían en sus tragedias un momento de humor porque conocían al ser humano, sabían que necesitamos, en medio del drama, en medio del horror, un momento de alivio, de descompresión. Eso es el humor. Por eso cada vez que pasa algo terrible —una tragedia, un acto terrorista, una catástrofe— aparecen chistes sobre eso. No es que la gente se quiera burlar, es que necesita aliviarse. El humor tiene esa función en la sociedad: aliviar a la gente de la pesadumbre de vivir.

Recuerdo que un día paseaba por Piñones, una pintoresca playa de Puerto Rico. Fuimos a comer alcapurrias, una especie de fritura gigante muy popular allí. En el quiosco del famoso manjar boricua se me acercó una chica. Una chica joven, de escasos veinte años.

—¿Tú eres el de la película del español? —es una pregunta que ya entiendo, porque me la han hecho muchas veces. Se refería a *Un Rey en La Habana*, película que escribí, actué y dirigí en España en 2005.

—Sí —le contesté.

—¡Papi, mira quién es él! El de la película que te mandé a la guerra —dijo volviéndose a su acompañante. Yo no entendí muy bien. El joven se me acercó.

—Ay bendito, como nos reímos con tu película en Irak.

—¿En Irak? —pregunté.

Y la chica dijo: —Sí, yo se la mandé allá.

—La veíamos en la trinchera, todos los latinos. Y nos partíamos de risa —terminó de explicarme el joven.

Qué orgullo escuchar aquello. Es decir, esos muchachos, que estaban ahí jugándose la vida, en nombre no sé de qué, seguramente angustiados, muertos de miedo, se aliviaban el alma riendo con mi película. Por cosas como esta vale la pena hacer reír.

☆ LA MADRE ☆

Estoy terminado este libro y se acerca el Día de las Madres. La veneración por la figura materna es universal. Cómo no hacerlo. Lo que hace una madre por un hijo es único. Un acto de entrega total.

Empezando por el hecho de parir, que debe ser como que te saquen una muela, pero de siete libras. Una madre solo necesita oír el llanto del bebé y ya sabe si tiene hambre. Y sea la hora que sea, va a darle la teta.

Eso solo lo hace una madre, porque yo ahora mismo tengo hambre, voy en un avión, donde cada vez dan menos comida; debe ser para que pesemos menos y gastar menos combustible. Tengo hambre, puedo llorar, gritar, aullar y ninguna mujer vendrá en mi socorro. Y no es por falta de teta. Tetas hay. Pero las mujeres gratuitamente solo le dan las tetas a los hijos.

Cuando conoces a una chica, la enamoras, la llevas a cenar, y puede ser, tal vez, quizás, te dé la teta. ¿Pero para qué quieres la teta si ya cenaste? Entonces la usas para el propósito perverso, para la lujuria. Porque los hombres tenemos una locura con las tetas de la mujeres, la llamada senofobia: de *seno-* = teta, y *-fobia* = locura, y viene de la infancia. Ese momento traumático en que te cambian la teta por el tete. La naturaleza, por la goma. Y lo peor es que te vuelven a hacer lo mismo de adulto, con la silicona. Otra vez teta por goma. Y lo peor es que la teta, que era un producto natural y al alcance de la mano, se ha vuelto un artículo de lujo, algo inalcanzable para algunos. Y esto es frustrante, traumatizante, y día a día muchos hombres mueren de teta-no.

¿Y el misterio de la leche materna? Por qué si en el mercado hay leche de vaca, leche de chiva, de cabra, de oveja, de búfala, no hay leche materna. ¿No dicen que es la mejor, la que más vitaminas tiene, la que más defensas aporta? Deberían venderla. Ya sé que aquí viene el tema ético que es el que siempre lo jode todo, pero ¿por qué no? ¿Por qué solo de niño se puede tomar esa leche? ¿Y si yo quiero, aunque sea cara? ¿Por qué se vende alcohol, que es dañino para la salud, y no leche materna, que es muy beneficiosa? Ya sé que después vendrán los que quieren beber directo del envase, y que algunos dirán que es explotación sexual de la mujer, y se armara el lío. Pero nos estamos perdiendo un producto maravilloso. Y tal vez hay mujeres que prefieren vivir de dar leche que estar ocho horas en la caja de un centro comercial. Es más, el primero que monte una lechería humana se va a hacer rico.

Yo he probado la leche materna, de adulto, dos veces. Una cuando mi hermana Aixa, a la que llevo seis años, tenía meses. Entonces me robé la última gota, y mi madre me dio un empujón, como si robara un líquido sagrado. Y después cuando mi hija América estaba recién nacida. Su madre se sacaba la leche con esas cosas que le ponen a la vacas, la guardaba en el refrigerador, y en la madrugada, ella o yo nos levantábamos, le dábamos una calentadita, y se la dábamos en el biberón. Todo para que la madre pudiera descansar. Pues una noche, antes de dársela a la nena, la volví a probar. Muy poco, la verdad, casi no podría describir el sabor. Muy espesa, como con mucha grasa. Algo raro. Por un lado sientes como un poco de asquito, pero al mismo tiempo es como si bebieras algo sagrado, el cáliz, la fuente de la vida, qué sé yo.

Lo que sí sé es que todo esto en conjunto, la madre, la leche, la teta, crean un algo sagrado. Madre no hay más que una, como el amor de madre no hay, y todas esas cosas que se tatúan los presos en la piel. Porque supongo que en el momento de mayor desesperación, uno busca aquel abrazo, aquel seno, aquel cobijo inicial. Aquel ser protector, mágico, que puede salvarte de los mayores peligros y pesares de la vida.

Ya se ha dicho mucho: todos necesitamos una mamá.

☆ MI MADRE ☆

Mi madre cambió mucho con los años. De ser una persona tímida, miedosa, poca cosa, se convirtió en una mujer segura, valiente, emprendedora y muy amorosa. No sé cómo lo hizo. Autosuperación, crecimiento personal, magia, ¿Dios? Nunca me lo ha contado, creo que sería el tema para un gran libro.

Mi madre está contenta con que esté escribiendo este libro. Mi madre siempre está contenta con todo lo que intento. Hoy es mi mayor ayuda. Nuestra mejor ayuda. Con más de setenta años y los pies destrozados por una mala operación, se cruza todo Miami intentando ayudar a este o al otro. Es noble, entregada, muy generosa. Es una pena que no tenga un novio. O será que sus novios somos sus hijos. El otro amor no le salió bien. Primero mi padre, que era un loco. Después el otro, que era un idiota, con el perdón de sus hijos. Mi madre es nuestra madre Teresa. Y es el ser con más capacidad de superación que conozco. No deja de leer, no deja de estudiar. No deja de aprender. Se aprendió Madrid en un plis plas. Ahora conoce Miami mejor que cualquiera. Con más de setenta años, aprende inglés, recetas de cocina, quiere aprender a escribir libros. Es una inspiración. Y una compañía inmejorable.

No sé qué haríamos sin su apoyo. Una vez, tuve una fuerte depresión y solo me sentía seguro teniendo una mano entre las suyas. Así dormía.

Me acaba de hacer el desayuno: "Ale, la tortilla se te enfría". Yo sigo escribiendo; no insiste más. Le gusta que esté escribiendo este libro y le gusta ayudarme. Mi madre ha sido mi tercer gran apoyo. Ojalá me dure siempre. Tiene mucha salud, paz y ganas de vivir. Creo que sí.

EPÍLOGO

Este libro llega a su fin. Un fin supuesto e impuesto, porque en realidad nada acaba. Todo fin no es más que una tirada de toalla, la evidencia de nuestra incapacidad de lograr la perfección. En teoría, podría reescribir y reescribir hasta lograr un material exquisito, como los grandes escritores en esos libros maravillosos en que se dejan la vida. Pero yo no llego ahí. Yo me quedo aquí. Y me jode.

Alguna vez alguien me dijo: "Alexis, no seas tan perfeccionista, confórmate con un *good enough*". Y he ido aprendiendo a aceptar ese punto aceptable de las cosas. Me lo han enseñado estos muchos años de televisión. La televisión siempre es imperfecta. No hay tiempo de pulir, de mimar, de bordar las cosas. Hay que salir hoy y mañana. Y un perfeccionista como yo en la televisión sufre. Por supuesto que también disfruto, pero sufro, y muchos de los que están a tu lado no te entienden. "¿Pero qué coño le pasa si el *show* está bien, si la gente lo disfruta, si hacemos algo por encima de la calidad media?". Pero tú quieres más, porque no es el juicio exterior, es el juicio interior el que te mata.

Pero siguiendo la norma del *good enough*, aquí dejo esto y paso a otra cosa. Lo importante no es llegar, lo importante es el camino, como dice Fito Paez, y en el camino seguimos, vivos y aprendiendo.

Espero haberles proporcionado algunas risas, y transmitido alguna enseñanza que haya sacado del difícil oficio de vivir. Seguramente cuando me vuelvan a ver en televisión, en el cine, en el teatro, sonreirán de otra manera, más cómplice, y dirán: "A este tipo yo lo conozco bastante bien".

Que la risa los acompañe.
Un abrazote.

Con todo mi humor,
Alexis Valdés

☆ AGRADECIMIENTOS ☆

A Clau, que tanto me ayudó. A Casandra, mi Editora. A las Américas, los Leos, Cari, Nelson, Ani, Mandy, Ayi, Carmelo, René, Papito, Chino, Libia, Bebita, Miguel, los Ernestos, Marlene, María Elena, César, Williams, y a ti que llegaste hasta aquí.